小学课堂教学设计与教师审美思维培养

李玉龙 著

中国纺织出版社有限公司

内 容 提 要

在当前教育改革的过程中，人们不仅重视学生智力的发展，而且注重学生非智力因素，如情感、态度和人格等的培养，更注重动机、情绪等非智力因素在教学中的重要作用，强调激发和培养孩子自觉、积极、主动的学习愿望。这是培养学生创新精神和实践能力的关键。本书抓住实施素质教育的主渠道——课堂教学这一根本环节，在学习理论、动机理论和情绪理论的指导下开展教学模式的研究，介绍了小学课堂教学设计、灵活多变的教学方法、弹性而有效的作业设计、教师教育管理的审美价值、教师教育管理审美价值的效用、教师审美情趣的培养和提高等方方面面的教育教学新理念、新方法。

图书在版编目（CIP）数据

小学课堂教学设计与教师审美思维培养 / 李玉龙著. — 北京：中国纺织出版社有限公司，2022.2
ISBN 978-7-5180-9297-0

Ⅰ.①小… Ⅱ.①李… Ⅲ.①课堂教学—教学设计—小学 Ⅳ.① G622.421

中国版本图书馆 CIP 数据核字（2022）第 009400 号

责任编辑：段子君　　责任校对：高　涵　　责任印制：储志伟

中国纺织出版社有限公司出版发行
地址：北京市朝阳区百子湾东里 A407 号楼　邮政编码：100124
销售电话：010—67004422　传真：010—87155801
http://www.c-textilep.com
中国纺织出版社天猫旗舰店
官方微博 http://weibo.com/2119887771
北京通天印刷有限责任公司印刷　各地新华书店经销
2022 年 2 月第 1 版第 1 次印刷
开本：710×1000　1/16　印张：9.75
字数：171 千字　定价：88.00 元

凡购本书，如有缺页、倒页、脱页，由本社图书营销中心调换

前　言

中国历史异彩纷呈，所以学习的内容也显得多姿多彩。在教育改革的过程中，人们不仅重视学生智力的发展，而且更注重学生非智力因素，如情感、态度和人格等的培养。首都师范大学教科院心理系郭德俊教授所主持的全国教育科学"九五"规划教委重点项目"中小学课堂教学中激发学生学习动机教学模式的研究"，抓住了动机、情绪等非智力因素在教学中的重要作用，强调激发和培养学生自觉、积极、主动的学习愿望。这是培养学生创新精神和实践能力的关键，也是推进素质教育的重要课题之一。同时该研究抓住实施素质教育的主渠道——课堂教学这一根本环节，在学习理论、动机理论和情绪理论的指导下开展教学模式的研究。这对于丰富和发展教学理论，推进教学改革具有非常重要的理论和实践意义。

在当今从事教育教学工作，须以学生为本，以学生发展为本。教师今日打下扎实的基础，为学生明日的发展既奠基又创造条件。要切实立足于学生的发展，教师就必须重视自我的发展。首先，教育理念要新，要面向 21 世纪，有时代气息，告别那些陈旧的、不符合时代要求的、影响全面贯彻教育方针的观念。其次，视野要开阔，既注意纵向继承，又注意横向借鉴，在培养学生成长、成人的过程中，要思想有高度，见解有深度。最后，专业要精通，要有自己独特的体验，独特的感受。德、才、识、能全面发展，教育学生不仅能左右逢源，游刃有余，而且能不断超越自我，步入新境界。教师着力于自我发展，教育教学就会亮点频现，有时代活水流淌，充满勃勃生机，对学生有感染力、辐射力。

本书在写作过程中查阅了大量的书籍和论文，虽然力求知识全面、内容深刻，但由于许多主客观原因，难免存在种种遗漏和缺陷。对此，希望各位专家、学者和同人提出宝贵意见，以求本书得到进一步的修改和完善。

著　者

2021 年 10 月

目 录

第一章 课堂教学设计的内涵和意义 ………………………………… 1
    第一节 课堂教学设计的主要理论流派与观点 ………………… 1
    第二节 课堂教学设计过程的代表性模式 ……………………… 6
    第三节 教学设计的逻辑结构及其重构的含义 ………………… 18

第二章 小学课堂教学设计 …………………………………………… 32
    第一节 数学阅读教学的设计 …………………………………… 32
    第二节 课堂提问的点名学问 …………………………………… 38
    第三节 课堂教学的提问艺术 …………………………………… 44
    第四节 自主学习课堂的构建 …………………………………… 51
    第五节 复习课的要义与策略 …………………………………… 55

第三章 灵活多变的教学方法的策略 ………………………………… 60
    第一节 低年级学生解决问题的能力培养 ……………………… 60
    第二节 点读技术支持下的合作学习新模式 …………………… 64
    第三节 促进学生个体阅读方法的优化 ………………………… 69

第四章 弹性而有效的作业设计策略 ………………………………… 73
    第一节 积累感悟型作业设计 …………………………………… 73
    第二节 协作探究型作业设计 …………………………………… 76
    第三节 活动实践型作业设计 …………………………………… 77

第五章 教师教育管理的审美价值 …………………………………… 83
    第一节 对教师教育管理审美价值的理解 ……………………… 83

第二节　对教师教育管理审美价值的分析 …………………… 98

第六章　教师教育管理审美价值的效用 ………………………… 106
　　第一节　教师教育管理审美价值的地位 …………………… 106
　　第二节　教师教育管理审美价值的意义 …………………… 111
　　第三节　教师教育管理审美价值的终极指向 ……………… 114

第七章　教师审美情趣的培养和提高 …………………………… 126
　　第一节　秉持健康的生活态度，保持稳定的生活品位 …… 126
　　第二节　呵护强烈的好奇心和真切的求知欲 ……………… 131
　　第三节　积极参加多类型的社会活动，保持积极健康的艺术爱好 … 137
　　第四节　进一步体会"美"的规律，会使审美情趣有更专业的基础 … 141

参考文献 ………………………………………………………… 149

第一章 课堂教学设计的内涵和意义

第一节 课堂教学设计的主要理论流派与观点

对于教学设计，不同的理论流派有各自的理解，有不同的理论主张。对教学也有着不同的理解，相应地便有不同的设计模式，它们丰富了教学设计的内涵与形式，对教学设计的研究起到了积极作用。

一、巴班斯基的教学过程最优化理论

苏联著名教育家巴班斯基指出："能使学生的注意力和思维集中到所学专题的最关键的观点和观念上，或者是进行教学的同时能激发兴趣和提高认识，这样的课堂教学才可以认为是最有成效的。"而节约师生的时间就要选择最优的教学速度。巴班斯基认为，节约时间的实质在于合理地利用时间，这里重要的是合理，超出限度的快和落后于学生实际水平的慢，都实现不了教学过程的最优化。实现教学过程最优化的关键是选择组织教学过程的最佳方案。巴班斯基还认为，一旦教师掌握了最优化组织教学过程的整套方法，那么教师尤其是有经验的教师原来所熟悉的、足以促进教学最优化的个别教学方法将发生质的变化，这时候他就能用所规定的时间，获得最大可能的效果。教学过程最优化理论不是一种一成不变的公式，而是指导教师合理地组织教学过程的重要方法论原则。教学最优化应考虑教学的组成成分：①在教学任务上，最优化要做到明确教学和发展的目标，了解学生的准备状态，把教学任务务具体化。②在教学内容上，最优化要做到分析教材中主要的和本质的东西，确保学生能掌握这些教学内容。③在教学方法上，最优化要选择能有效地掌握所学的内容，完成教学任务的模式，针对不同的学习者，进行有区别的教学。④在教学进度上，最优化要做到确定适当的教学步调、速度，既完成教学任务又节省时间。⑤在分析教学效果上，最优化要做到对教学结果作科学的测评、分析、解释。从以上内容可以看到，要达到教学最优化的目的，就

必须分析学生状况和教学任务，明确教学内容，选择教学模式，拟定教学进度，对教学结果加以测定和分析。因此，没有教学设计就不可能有教学的最优化，教学设计是教学迈向最优化理想境界必不可少的第一步。

二、奥苏贝尔、布鲁纳的认知结构

认知结构学习论的特征是强调个体已有的知识及其组织在学习中所起的主要作用，认为学习是个体在学习情境中，运用已有的认知结构去认识、辨别、理解新知识，增加自己的经验，从而改变自己的认识结构的过程。在学习的方式上，美国教育心理学家奥苏贝尔提出接受学习。奥苏贝尔认为，尽管发现学习具有重要的教育价值，但是在实际的课堂教学中，运用更多的是接受学习。接受学习不一定就是被动、机械地学习，只要它满足了有意义学习的条件，就是一种主动的学习。所谓有意义学习，是指符号表达的新观念与学习者认知结构中的有关观念建立实质和非人为的联系的过程。其前提条件是：①学习材料具有逻辑意义。②学习者认知结构中具有同化新观念的相应知识。③学习者具有有意义学习的心向。与有意义的接受学习理念相对应，奥苏贝尔主张把有意义的讲解式教学作为课堂教学的主要形式。他提出这种教学包含三个阶段：第一阶段呈现先行组织者，亦即运用引导性材料，使要学习的新材料与学生原有的知识清晰地联系起来，为学习新的比较具体的信息提供框架。第二阶段呈现学习材料，以讲解为主，以讨论、电影、电视为辅，把学习内容清晰明确地传递给学生。第三阶段加强认知组织，鼓励学生把新知识与教材总体结构联系起来，从而将讲解的内容同化到原有的认知结构在学习的方式上，美国教育心理学家布鲁纳提倡发现学习。他强调应当让学生自己成为知识的发现者，主张学生在学习情境中，经过自己探索而获得问题的答案。布鲁纳认为，发现学习只有在有结构的学习情境中才会发生，因此应当把教材作适当的组织，体现出知识的结构性。在教学中，教师应促进学生对学科基本结构的理解。他还提出了供教师参考的教学步骤：

①呈现使学生感兴趣的问题。②让学生体验到问题的不确定性以激发探究。③提供解决问题的各种假设。④协助学生收集和组织可用于下断语的资料。⑤组织学生审查有关资料，得出应有的结论。⑥引导学生用分析思维去验证结论，最后使问题得到解决。

三、皮亚杰的建构主义理论

瑞士心理学家皮亚杰提出的建构主义理论使人们对学习过程的认识进行了一场变革。

首先，人们通过自己的建构活动创造了数学对象。数学是在主体的活动中抽象出来的，并不是从客观对象中抽象出来的。数学建构具有个体性，但个体的建构必然从属于外部世界和社会环境的制约，这反映了建构的社会性质，它必然包含有一个交流、反思、改进、协调的过程。其次，数学知识的学习是主体重新建构的过程。认识数学对象时，学生是以在思想中实际建构出这种对象为必要前提的。"照搬照抄、照猫画虎"是重复练习不是解题，不可能真正获得数学知识，在学习中自己建构起来的数学知识才会根深蒂固地存地在于头脑中。真正的数学认识或理解应当是"形式建构"与"具体化"的辩证统一。学习数学不可能和接受纯客观的东西一样简单获得，而是通过建构才能习得。所以，数学学习不是一种"授予—吸收"的过程，不应被看成是学生对于教师所授予知识的被动接受，而是学生以自身知识和经验为基础的积极主动的建构活动。传统的数学教学所说的"理解"，是学生弄清教师所讲授内容的"意图"，按照建构主义的观点，"理解"首先是指学生必须依据自身已有的知识和经验对教师讲授的内容作出解释，使其对自身来说获得新意义，其次是指如何把新的学习内容纳入已有的认知结构之中，使其成为整个认知结构的有机组成部分。

依照建构主义的学习观，教学应该有相应的转变。①课堂由个人学习转变为小组互助，即强调"合作学习"对意义建构的作用。②解题活动中由教师作为唯一权威转变为根据学生的认知基础和认知心理开展解题活动，以逻辑与数学真理为验证的标准。③由强调算法的记忆转为重视数学推理。④由机械式的模仿计算答案转为合理运用猜想与创造解题。数学教学中要重视教师与学生、学生与学生之间的相互作用，强调合作学习、交互式教学。学生通过合作和讨论，促使他们了解彼此的见解，看到自己得到了什么，又漏掉了哪些，从而超越自己的认识，形成更加丰富的理解，以利于学习的广泛迁移。

四、罗杰斯的人本主义理论

美国心理学家罗杰斯提出了以学生为主的教育思想。人本主义主张有意义的学习，意义学习指使个体的行为、态度、个性在未来选择行动方针时发生重大变化的学习，而不仅仅是知识的积累。罗杰斯认为意义学习有四个要素：①学习具有个人参与的性质，即整个人都投入学习活动。②学习是自我发起的，动力或刺激可能源于外部，但发现、获得、掌握、理解的意义是源于内部。③学习是渗透性的，它会使学生的行为、态度，乃至于个性都发生变化。④学习是由学生自我评价的。

人本主义者认为，教学工作的着眼点应放在促进学习的过程上，促进意义学习上，促进学生自我实现的学习动机和人格的充分发展上。罗杰斯认为，教学应当"以学生为中心"，教师应成为进行有意义的学习和学会如何学习的促进者，也应是使学生形成学习动机、实现学习目标、学会如何交往和生活的促进者。要成为一个良好的促进者，教师应有信仰、情感，应有独创精神，应对学生的情感、意见、个性进行奖赏、认可和关心。

五、加涅的认知主义理论

美国教育心理学家加涅吸收认知心理学和建构主义心理学的思想，提出了著名的学习层次理论、学习结果分类理论及信息加工理论等，形成了独具特色的学习理论和教学理论体系。1965年，反映其学习理论和教学理论的代表作《学习的条件》（第一版）问世，迅速引起教育界和心理学界的广泛关注，被译成多种文字，先后四次修订、再版，被认为是"关于学与教的最重要的著作之一"。此外，加涅也注重将学习理论和教学理论的研究成果应用于教学实践，1974年与布里格斯（L.J.Briggs）和韦杰（W.w.Wager）合著《教学设计原理》，提出了一套教学设计的原理和技术，该著作也多次再版，在国际上产生了深远的影响。因在教育心理学和教学设计领域的突出贡献，加涅曾先后获桑代克教育心理学奖和应用心理学杰出科学奖，被誉为"当代心理科学与学校教育相结合的典范"。加涅将教学设计定义为一个系统化规划教学的过程，其实质就是应用系统方法，根据不同的学习结果类型创设不同的学习的内部条件并相应安排学习的外部条件，从而促进有效学习的发生。该理论体系主要包括绩效目标理论、任务分析理论、教学事件的选择与组织理论、媒体的选择与使用理论、学生成绩的评估理论等一系列理论和技术。加涅认为，在进行任务分析时，应考虑到教学任务的范围。任务分析无论是与教程有关，还是与单元有关，其过程都是一样的，只是分析的范围和步骤的数量不同而已。任务分析主要有过程任务分析和学习任务分析两类。过程任务分析，也叫信息加工分析，用来描述完成某一任务的步骤，它实质上是将任务分解为学生为了完成某任务必须执行的步骤。学习任务分析是用来描述完成某一终点能力所需要的先决条件。这些先决条件是先于终点目标的学习而习得，并能促进该学习成为可能的任务。任务分析为设计有效教学所必需的学习条件提供了依据。

教学事件是指一套外在于学生的、设计用来支持学习内部过程的事件。

根据加涅的教学理论和学习理论，要支持学习者学习的内部过程，需要有引起注意、告知学习者目标、刺激回忆先前的学习、呈现刺激、提供学习指导、引出行为、提供反馈、评价行为与促进保持和迁移等九大教学事件。但加涅强调，选择和组织教学事件时，并非所有的事件都必须呈现，如果学习者自行满足了某些阶段的要求，则相应的教学事件就不需要呈现。在这九大教学事件中，"刺激回忆先前的学习""呈现刺激""提供学习指导"这三种教学事件中每一种所采用的形式依赖于要学习的性能。

　　由于不同类型的学习结果需要不同的先决条件，在进行任务分析时，明确学习结果的类型至关重要，这会直接影响到对教学事件的选择和组织。在教学媒体的选择与使用理论中，加涅认为，影响教学媒体选择的因素很多，要达到有效学习的目的，选择教学媒体时要着重考虑学习情境（包括学习者的特点）和预期的学习结果类型。每种教学媒体呈现信息的物理特性与学生相互作用的性质不同，从对学习支持的有效性来看，特定的学习结果类型必然会影响到对教学媒体的选择和利用。学生成绩的评估，一方面评估教学是否满足设计目标，另一方面评估学生是否已经达到教学目标所规定的能力。对学生成绩进行评估，实质上就是将学习者当前的成绩与预期的学习结果相比较，从而改进、完善教学或判定学生的学习状况。

　　加涅强调，教学设计必须适当注意学习发生的条件——包括学习者自身的条件和外部条件，而这些条件又依赖于学的是什么。在加涅的学习理论中，"学的是什么"等同于"习得的性能是什么"，那么，"学的是什么"就可以理解为"学习结果"。换句话说，学习结果决定了学习发生的条件，在教学设计过程中必须要重视学习结果。事实上，在上述绩效目标的确定、任务分析、教学事件的选择与组织、教学媒体的选择与使用、学生成绩的评估等一系列理论中，都直接或间接地显现出了学习结果的印记。

　　虽然加涅在教学设计领域做出了不可磨灭的贡献，但他的教学设计思想也存在着一定的局限。如他强调对学习结果类型的分析，主张将复杂的学习现象分解为单个的学习结果，但对于如何将单个的学习结果合成复杂的学习现象则研究不够。他强调学习的顺序是由下位到上位、由局部到整体进行的，这种学习顺序可能适合于自然科学，如数学这样的规范学科，但对于语文这样的非规范学科来说，学习的顺序可能并非如此。此外，由于受到自然科学范式的影响，加涅强调教学的规定性、可预测性，但随着非线性科学的发展和后现代主义范式的兴起，这种思想正面临着前所未有的质疑。回顾教学设计理论的发展过程，我们发现，其发展水平与当时学习理论、教学理论的发展水平是密切相关的。无论是以行为主义为理论基础的教学设计，还是以认知主义为理论基础的教学设计，受当时学习理论、教学理论的影响，在认识论和方法论上都体现出客观主义的特征。从这个意义上说，对加涅的教学设计理论的质疑，实际上折射出了对该理论体系的基本假设客观主义的批判。

在迈向知识时代的背景下，不只是建构主义理论，各种先进的思想与技术都会给教学设计理论研究和实践带来新的挑战和影响。在此情况下，我们应该认真反思，敢于向一切新思想、新知识、新技术、新方法敞开大门，大胆进行变革与创新，不断发展和完善教学设计理论研究和实践。

第二节 课堂教学设计过程的代表性模式

什么是教学设计过程的模式目前尚无明确的界定，主要有以下三种观点：第一，教学设计模式具有类似的过程，用来完成各项目标设计；它以文字或图表的形式描述，被用来指导不同环境下的设计，并为实现不同的目的服务。第二，模式是再现现实的一种理论性的简化形式，教学设计过程的模式则是在教学设计的实践当中逐渐形成的，是运用系统方法进行教学开发、设计的理论的简化形式。第三，采用文字或图解的模式对教学设计过程进行描述是教学设计研究中体现系统论思想的一个特色。根据以上观点，我们认为教学设计的过程模式至少具备以下三个特点：

（1）以特定的理论为基础，是在教学设计的实践过程中形成的，是教学设计实践的简化形式。

（2）可用来指导不同背景下的项目设计，并为实现特定的目标服务。

（3）表现形式上以文字或图表的形式进行描述，或者两者结合进行描述。

教学设计过程模式可以用不同的形式阐明，其目的都是展示教学设计者对现实的看法，它是对人们在开展教学设计工作时所遵循的程序或基本步骤的描述，都具有以下三个共同功能：

（1）使教学设计过程形象化，过程中的所有要素为达成共同的目标服务，提供了管理设计过程和项目的工具。

（2）通过整合理论和所应用的实践模式来检验理论本身。

（3）为设计者安排了能被当作优秀设计标准的任务。

1980年，安德鲁斯和古德森（D.Andrews&.F.Goodson）曾从18个维度对40个教学设计模式的特点进行分析归类，认为这些模式的共同要素是"问题的界定、教学的交替解决方案、限制条件的确定和教学程序的运用"。

1986年，瑞奇（R.Richey）回顾了安德鲁斯和古德森的分类过程，把教学设计模式的核心要素归纳为六个，分别是：确定学习者需要分析、确定目标、构建评价过程、设计/选择传递方法、试用教学系统和安装与维护系统。

20世纪90年代，张祖忻在回顾各种教学设计模式的基础上，认为对象、目标、方法与评价是教学设计模式的四个相互联系、相互制约的基本要素；朱湘吉在梳理和分析了系统化教学设计和整体化教学设计的基础上，归纳得出，教学设计过程模式的基本要素是分析、设计、开发和评价。

一、具有代表性的教学设计过程模式

（一）迪克－凯瑞的教学设计过程模式

美国著名的教学设计专家迪克与凯瑞（W.Dick&.L.Carey）等人认为他们的模式是运用系统方法设计而成的，模式的具体内容包括以下十个方面：

（1）确定教学目标（identifyinstructional goals），主要是决定当教学结束后，学习者将能做什么。可以通过多种途径确定教学目标，如通过需要评价，可根据实践中发现的学习者的学习困难，分析实际工作场所中学习者的行为或者教学的其他需要。

（2）进行教学分析（conduct instructional analysis），是指设计者逐步确定当学习者执行教学目标时将能做什么。教学分析过程的最后一步是确定学习者学习的起点行为，即教学开始之前，学习者在知识、技能和态度方面的起始水平。

（3）分析学习者和情境（analysis learners and contexts），这一环节与上一环节相并列。学习者当前的技能、喜好和态度是由教学环境的特征和迁移背景的情况所决定的。这些分析将为系统设计模式中的后续步骤提供信息，它们对于教学策略的制定尤其重要。

（4）编写行为表现目标（write performance objectives），是在完成教学分析和起点行为的陈述后所进行的。这些目标阐明了学习者的学习内容、学习条件和学习取得成功的标准。

（5）开发评价工具（develop assessment instruments），应基于上述目标来开发，用评价工具来检查学习者达成目标的情况。评价的重点是目标中所描述的行为。

（6）开发教学策略（develop instructional strategy），包括教学预备活动、内容的展示，练习的反馈、测试、总结等活动。教学策略的制定主要依据学习理论和关于学习研究的成果、用于传递教学的媒体的特征、教学内容的性质和学习者的特点。

（7）开发和选择教学材料（developand select instructional materials），主要包括学习者指南、教学材料（包括教师指南、学生模型、投影仪、基于计算机的多媒体程序和用于远程教学的网页等）。设计者应依据学习的类型、已有的相关材料、可供开发过程使用的资源来决定教学材料的开发。此外，还应提供开发教学材料的标准。

（8）设计和实施形成性教学评价（design and conduct the formative instruction evaluation），在这个环节中，形成性评价的方法一般有三种类型：一对一的评价、小组评价和现场评价。每一类评价都为设计者提供用于修改教学的不同信息。上述评价类型还可以应用于对已有材料和课堂教学的形成性评价。

（9）修改教学（revise instruction），是最后一步。根据形成性评价环节收集到的数据，试图确定学习者无法达到既定目标的原因和教学中存在的问题。修改教学不仅仅意味着修改实际教学本身，还包括重新检查教学分析的有效性、对学习者特征和起点行为假定的可行性、行为表现目标的陈述、评价工具的有效性、教学策略等，根据这些信息可以更好地制定出适合教学的材料。

（10）设计和实施总结性评价（design and conduct summative evaluation），尽管总结性评价是关于教学效果的最后评价，但通常它不是教学设计过程中的一个部分。它是对教学的绝对或相对价值的判断，是在完成教学的形成性评价和修改教学以满足设计者的标准后进行的。总结性评价是由评价者而非设计者完成的。因此，总结性评价本身不是教学设计过程中必备的一个要素。

（二）史密斯-瑞根教学设计过程模式

史密斯和瑞根（P.Smith&.T.Ragan）也是很具影响的教学设计专家，他们认为，教学设计主要完成三项设计活动：①执行教学分析以决定"到哪里去"。②开发教学策略以决定"怎样到达那里"。③开发和进行评价以决定"怎样知道我们已到达那里了"。据此，史密斯、瑞根认为，他们的教学设计过程模式包括分析、策略开发和评价三个阶段，具体内容如下：分析阶段也称为前期分析阶段，设计者主要分析三个要素：学习背景、学习者、学习任务。学习分析主要完成两项工作：①教学需要的具体化，以帮助学习者达成教学目标。②教学得以进行的学习环境的描述。学习者分析主要分析学习者的特征和具体的起点水平。该模式还阐明了学习任务分析的基本步骤，并列举了不同领域的例子以作示范。学习任务分析的基本步骤有：①编写学习目标。②确定学习目标的类型。③进行信息加工分析。④分析先决条件，决定各类学习所需的先决知识和技能。⑤根据学习目标和先决条件，编写行为目标。在分析的基础上，编写测试项目。

（三）教学设计过程的一般模式

在借鉴国内外各种教学设计过程模式的基础上，结合我国基础教育课程改革的背景和教学实践的需要，经过多年的研究和教学实践，我们认为完整的教学设计过程可以包括以下组成部分：教学设计的前期分析、教学目标的阐明、教学过程的设计（包括教学顺序、教学组织形式、学习方式、教学模式、教学方法、学习环境和课堂管理等方面的设计）、教学设计方案的编制与实施、教学设计的形成性评价与修改及教学设计的总结性评价。该系统可以称为一般教学设计过程模式。

二、教学设计的基本要素

教学设计的结构及其要素明显地受教学过程结构的影响，一般教学中需要强调、凸显的环节都会在教学设计方案中反映出来，也将是进行教学设计时必须的元素。

"教学设计"是一个系统的工程，各要素与成分之间彼此关联，构成一个完整的系统，因而教学设计又被视为教学系统设计。它包括课程计划、学期教学、单元教学、课堂教学、活动教学、教学媒体使用等不同层次的教学系统。课堂教学设计作为其中的一个重要组成部分，自然拥有完整的系统设计过程。完整的课堂教学设计需要解决四个基本的问题：教学起点（现在在哪里）、教学目标（要去哪里）、教学设计的决策与生成（如何去那里）、教学评价（是否到达那里）。这四个环节相互联系相互制约，构成一个系统的逻辑序列，而每一个环节又由许多要素构成。关于课堂教学设计的基本要素，各家说法不一。如美国教育学家格莱瑟（R.Glaser）认为，所有的课堂教学活动都包含教学目标、起点行为、教学活动和教学评价这个四个部分。

刘知新先生则认为课堂教学设计的基本环节主要有设计准备、教学目标设计、策略和方法设计、教学过程设计、教学媒体选择、整合设计、评价反馈设计。

"以'教'为主的肯普模式则认为系统化教学设计过程主要强调四个基本要素（教学目标、学习者特征、教学资源和教学评价），解决三个主要问题（为什么学、学什么、怎么学），以及十个教学环节。"

"基于建构主义理论的以'学'为中心的教学设计模式则主要包括教学目标分析、学习者特征分析、学习情境创设、信息资源的设计与提供、自主学习设计、协作学习设计、学习效果评价这七个要素。"乌美娜在《教学设计》一书中阐述教学设计的基本要素需包含以下七点：

①学习需要分析；②学习者分析；③学习内容分析；④学习目标阐述；

⑤教学媒体选择；⑥教学策略制定；⑦教学评价设计与分析。皮连生在《教学设计：心理学的理论与技术》一书中则提出教学设计的要素至少包含：①学习任务分析；②设置与陈述教学目标；③教学媒体设计；④教学环境设计；⑤课堂教学过程与活动设计；⑥课堂教学方法设计；⑦学习结果的测量与评价设计。

《走进新课程》丛书编委会的物理课程标准研制组编写的《走进新课程丛书：普通高中物理课程标准（实验）解读》一书，用一个教学流程图清晰地表达出一个系统化的课堂教学设计的构成要素。该书指出课堂教学设计主要由教学目标、达成目标的诸要素分析与设计（学习者特征分析、教学内容分析、教学策略选择），以及教学评价构成一个有机的整体。

归纳上述各种教学设计过程模式的观点，发现任何一种教学设计模式都离不开学习者、学习内容、学习目标、学习策略、教学（组织）形式与教学策略、教学过程、学习评价等基本要素，而各自的不同之处，则在于对这些基本要素的具体设计与处理。在我国的学校教育中，课程标准、教学大纲、教材等都是由教育部门和教学专家预先设定，学校教育的教学条件与教学环境在一个相对长的时间内也都处于稳定状态，因此，本文的研究结合课堂教学设计的主要过程模式以及我国课堂教学的实际，将重点围绕以下九个要素展开讨论。

（一）学习者分析

学习者分析即分析教学的对象——学生，学生是一个具有主观能动性的个体，自身的身心发展会随着知识的习得而发生改变。因此，教师在进行教学设计之前，需要对学生现有的知识基础、学习能力、身心特点、兴趣爱好、认知风格等进行客观、系统的分析，为后续教学目标的制定、教学内容的组织和教学策略的确定等提供有效的依据。迪克和凯瑞在《教学系统化设计》一书中阐述了进行学习者分析应该包括的层面，主要有入门技能、对该领域已有的知识、学习动机（ARCS）、学业能力水平、学习偏好、群体特征等。本文在此基础上选择学生的认知能力、心理特点、学习风格这三个因素作为学习者分析的二级指标。

（二）教学内容分析

在我国由于教学内容都是由教育部门和教育专家按照学习者的年龄段预先设定好的，因此，教师对教学内容的分析不需要重新制定教学内容，而是对已有的教学内容进行合理的组织与安排，即：组织教学内容。该过程需要根据教学目标和既定的教材内容，以及所选的教学材料与资源，对整个教学内容进行恰当的顺序安排，使其既符合学科知识内在的逻辑关系，又合乎学生的认知顺序特点，从而将教材的知识结构与学生的认知结构进行很好的结合。组织教学内容的主要工作是分析教学内容的知识类型，为教学媒体与策略的选择提供依据；明确教学内容中的重难点，为课堂教学构建清晰的知识网络；重组教学内容的顺序与结构，为有效实现教学目标提供基础。本文的研究将把确定教学内容中的重难点作为教学内容分析的二级指标。

（三）教学目标制定

教学目标分析即制定教学目标。教学目标在整个教学设计过程中处于核心地位，是整个设计的导向标，因为教学设计中的其他各要素都要围绕教学目标来展开。教学目标设计的好坏，直接关系教学效果。偏离实际的太高目标会挫伤学生的学习热情，而轻松易达到的目标却不利于学生各方面能力的培养，因此，只有恰到好处的教学目标才能实现教学效果的最优化。

学习不仅要求学生了解知识和技能，还需要学生掌握科学探究方法，发展科学兴趣与创新精神。可见，目标不再是单一的知识技能目标，而是学生的认知习得与态度情感的培养并重，包括知识与技能、过程与方法、情感态度与价值观三个维度，以及主体、行为、条件、标准这四个要素。目标的制定不仅要依据课程标准、教学大纲的要求，还需建立在对教学对象和教学内容深入分析的基础上，力求使制定的教学目标处于学生的最近发展区，目标明确、具体，具有可操作性，这样才有利于教师设计教学过程，有利于教学效果的评价。本书将在后面的分析中对教学目标制定的三维度、四要素进行具体分析。

（四）教学（过程）顺序确定

教学顺序指教学内容各组成部分的排列次序，决定"先教什么、后教什么"。不同的学习任务和教学目标，其教学顺序和设计方法也不同。教学设计中对教学顺序的确定只是相对的，在实际教学中，教师要根据课堂教学情境的发展、变化，灵活调整既定的教学顺序。

（五）教学组织形式与策略

教学组织形式，是为实现一定的教学目标，围绕一定的教育内容或学习经验，在一定时空环境中，通过一定的教学媒体，教师与学生之间相互作用的方式、结构与程序。按照教学单位的规模，教学组织形式可分为：个别教学、小组教学、班级授课等。当前，国内外教学组织形式的改革研究突出了单一的集体教学形式走向多样化的教学组织形式，实现几种教学组织形式的优化组合。

教学策略是为了有效实现教学目标而采取的针对性的教学手段和系统方式，教学策略的选择受多种因素的影响，学习者的特征、目标的需要、内容的类型、学校的教学条件，以及教师自身的经验水平等都需要作为考虑的重要因素。

（六）教学模式与教学方法设计

教学模式是指在一定的教学思想或教学理论指导下所形成的关于教学的理想意图及其实施方案。任何一种教学模式都有特定的目标、功能、适用的条件和范围，从来就没有放之四海而皆准的最优教学模式。教师应从教学实际出发，综合考虑教学目标、教学内容的性质、学生的年龄特点和认知水平、教师的特点、教学所具备的物质条件及教学时间等因素，权衡利弊，选择适当的教学模式。

教学方法是为实现既定的教学目标，在教学过程中师生共同活动时所采用的一系列办法和措施。教学方法的相对性、针对性、多样性决定了教学方法选择的重要性和复杂性。教师要能在现代教学理论的指导下，以教学设计的前期分析为依据，熟练地把握各类教学方法的特性，综合考虑学习任务、学习者、教学目标、教学环境条件、教学组织形式及教师自身特征等因素，合理地选择教学方法并进行优化组合。

（七）教学评价的设计

以往的教学设计（教案）不要求对课堂教学过程的评价（对学生学习结果的评价也好，还是学习方式方法、态度等评价）进行预设，更不需要设计评价的具体方式。一般而言，教师是以教案中设计的练习作为评鉴手段。但现代的教学设计中要求最好对学生学习的评价有所设计。

课堂教学设计的策略与生成并不是其教学设计的终结，而设计效果的好坏与否最终还需要经过教学设计的实施与调控。因为教学是一个师生交互的过程，随时都有不可预测的动态发生，而课堂教学设计的产品（主要是教案），则是以一种稳态的形式呈现，因此，课堂教学设计的实施则是动态地检测教学设计的成功与否。课堂教学的评价因此既包括对教案的静态评价也包括对实际过程的动态评价。其目的是检测是否达到既定的教学目标，并为课堂教学设计各环节的修正和完善提供服务。

尽管大家对教学设计的定义各有所述，对教学设计本质的理解也不尽相同，但教学设计的最终目的都是为整个教学服务。教师通过教学设计，明确教学目标，分析研究教学问题和需求，对"教什么（课程、内容等）"和"怎么教（组织、方法、传媒的使用等）"进行系统有序的设计，实施优化可行的教学方案与评价策略，从而保证教学活动的顺利、有序地开展。课堂教学设计的每个环节和每个要素，并不是孤立存在的，彼此之间相互联系与制约，在进行完整的课堂教学设计时需要综合整体考虑。

（八）学习环境设计

学习环境是促进学习者发展的各种支持性条件（包括各种资源、工具、人、活动、师生关系等）的统合。随着计算机技术、网络通信技术、人工智能与虚拟现实等信息技术中的一种或多种技术的介入，学习环境表现出了活动合作化、情境真实化、资源全球化、工具多样化、学习自主化、评价多元化、师生关系交互化等显著特征。但应注意，学习环境中的技术是为了通过帮助学习者获取信息、建模问题和作出决策以最有效地支撑学习者的问题解决，而不是简单的传递工具，更不是教师控制课堂和学生的手段。

（九）课堂管理设计

课堂教学管理是师生共同参与，彼此交往，有目的、有计划和多维度地协调课堂内外各种因素，建立有效教学的课堂环境、保持课堂互动、促进课堂生长的动态历程，通常包括物质、制度和文化三个层面。依据促进学习者发展的课堂管理取向，课堂管理方式要由"控制"转为"交流与沟通"，课堂管理策略要由"惩罚"走向"激励"。以上几方面，在具体教学设计时，并不要求面面俱到，但这些方面都是设计教学过程时需要加以考虑的必要因素，只是在具体的教学设计中应根据具体情况和教学的追求有选择地进行设计。

三、课堂教学模式的过去与现在

关于教学模式的定义通常都是直接引用美国乔以斯（B.Joyce）和威尔（M.Weil）在1972年出版的"*Models of Teaching*"（教学模式）一书中的观点，即"教学模式"是构成课程（长时的学习课程），选择教材，指导在教室和其他环境中教学活动的一种计划或范型。

何克抗先生则在《建构主义——革新传统教学的理论基础》一文中指出："教学模式是指在一定的教育思想、教学理论和学习理论指导下，在某种环境中展开的教学活动进程的稳定结构形式。"2008年，何克抗先生与吴娟教授在《现代教育技术》发表的"信息技术与课程整合教学模式"系列论文的第一篇，即《信息技术与课程整合的教学模式的研究之一——教学模式的内涵及分类》中又众采各家之所长，给出了如下的定义："教学模式属于教学方法、教学策略的范畴，但又不等同于教学方法或教学策略；教学方法或教学策略一般是指教学过程中采用的单一的方法或策略，而教学模式则是指教学过程中两种或两种以上方法或策略的稳定组合与运用。"

黄甫全等认为，教学模式就是在某一教学思想和教学原理的指导下，围绕某一主题，为实现教学目标而形成的相对稳定的规范化教学程序和操作体系。

李如密先生提出的定义为："所谓教学模式，是指在一定教育思想指导下，建立在丰富的教学经验基础上的，为完成特定的教学目标和内容而围绕某一主题形成的比较稳定且简明的教学结构理论框架及其具体可操作的实验活动方式。"

华东师范大学的叶澜教授给出的定义是："教学模式俗称大方法。它不仅是一种教学手段，而且是从教学原理、教学内容、教学的目标和任务、教学过程直至教学组织形式的整体、系统的操作样式，这种操作样式是加以理论化的。"

中央教科所朱小蔓教授给出的定义是："教育模式是在一定的教育理念支配下，对在教育实践中逐步形成的、相对稳定的、较系统而具有典型意义的教育体验，加以一定的抽象化、结构化的把握所形成的特殊理论模式。"

综上所述，教学模式首先应具有以下三个特点：

（1）结构化。教学模式是一种结构形式，是一种结构理论框架。

（2）体现理论。教学模式是在一定的教学思想、教学理论和学习理论，以及丰富的教学经验的指导下建立起来的。

（3）操作化。教学模式的建立是为了在某一种或一类的环境中围绕某个主题开展的教学活动提供一种基本的操作指导。

传统的教学模式主要是注重学生对基本知识和一些基本技能的掌握，这就使在大多数的传统教学模式中，学生在学习中的主体性往往是会被忽略的，更多的是去片面强调灌输方式，而且往往是这个过程中的教师或者教材的主体地位强化。但随着新课程思想观念的普及和教改的深化，人们日益强调学生在学习中的主体地位，教学模式也不断地被创新。表现出以下三个趋势：

（1）注重能力培养。人们普遍认为传授知识与发展能力是教学的双重任务，第一，教学中既要传授知识，又要培养能力，尤其是自学能力；第二，知识、能力有密切联系，能力是学习知识的条件。

（2）关注学生。除了教学基本规律决定了学生的主体地位外，推行终身教育和建立"人—机"学习机制等，都要求教育者进一步发挥学生的主体作用。人们将由目前的普遍赞成、实行"带领"学生学逐渐转变为普遍赞成、实行"引导"学生学。

(3）心理学化趋势。近代的赫尔巴特、乌申斯基等人则把教学理论与对学习心理的认识结合起来论述自己的教学模式；而现代的布鲁纳模式、巴特勒模式等，在某种程度上则是现代心理学的产物；具有开拓意义的算法教学模式、暗示教学模式等，如果离开了心理学的研究成果，不仅会失去价值，而且不能成立。随着生理学（特别是脑科学）和生物化学研究的不断深入，心理学必能更清晰客观地阐明人类学习机制。从心理机制角度科学地设计和叙述教学模式，不仅是必然的，而且能够越做越好。

从教学模式自身发展的方式和规律来看，其呈现出从单一的教学模式向多样化教学模式发展，从归纳教学模式向演绎教学模式发展，再到两者并重的特征。

自20世纪20年代以来，我国教育界受到赫尔巴特的课堂教学结构"五段论"和凯洛夫的课堂教学"五环节"观点的影响较大。我国教师在长期的教学实践中，逐步形成了"组织上课—检查复习—讲授新教材—巩固新教材—布置课外作业"的五步教学过程模式。

传统教学模式的优点在于：能充分发挥教师的主导作用，有利于高效率、大容量地传授系统的文化科学知识，教师的透彻讲解可以使学生迅速扫清学习中的障碍，大量练习巩固能使学生形成技能、技巧。这样的课堂教学结构安排既有利于知识的掌握，也符合认知规律，在社会科学发展相对稳定时期，能迅速培养出大量知识型、继承型人才，其历史功绩是不容置疑的。

其缺点在于：过分强调教师的讲授，在一定程度上忽视了学生的积极主动参与，束缚了学生的个性发展，不利于因材施教，且大量的作业、练习主要为了应试，不利于学生知识的形成。

在对传统课堂教学结构的深刻反思和不断探索的过程中，我国一些新的课堂教学结构正在逐渐形成和不断完善并已显示出其卓著的效应，在探索的过程中，大致可以分为三个阶段：

（一）早期觉醒阶段：茶馆式教学

上海市静安区育才中学校长段力佩先生提出的"茶馆式教学"，也称为"八字四步教法"，即：读读、议议、讲讲、练练，分四步进行。学生通过"读"，了解教材，发现问题；通过"议"，进一步理解、掌握教材，培养分析问题和解决问题的能力；通过"练"，达到运用巩固新知识、培养能力、发展智力的目的；"讲讲"虽然排在第三步，实际上是贯穿整个课堂教学的始终，教师进行点拨、解惑、总结。在课堂上形成了较固定的四步程式，即学生自读—学生互议—师生互讲—学生练习。

（二）尝试教学法

江苏省常州市教育科学研究所的邱学华在数学教学中提出的尝试教学法，又叫五步教学法。主要特点是先讲后练，即学生先在旧知识的基础上通过尝试试题进行尝试练习，在尝试的过程中教师指导学生自学课本，引导学生讨论，然后在学生尝试练习的基础上教师再进行有针对性的讲解。以学生为主、以自学为主、以练习为主，从而充分发挥教师的主导作用、学生的主体作用、教科书的示范作用、学生间的相互作用。尝试教学法分为五个步骤：出示尝试试题—自学课本—尝试练习—学生讨论—教学讲解。由于地区、班级、学生、教材、教师的不同特点，可有增有减，相互调换、合并。如第二步与第三步可调换；第二、第三步，第四、第五步可合并；为澄清概念上的模糊认识和计算上的错误，可在第五步后增加"第二次尝试练习"；为使学生对尝试题认真理解，可在第一步之后让学生讨论等。

（三）六步教学法

辽宁的魏书生老师精心设计了"课堂教学六步法"，即：定向、自学、讨论、答疑、自测、自结，以解决课堂教学的定向和方式问题。第一步定向：让学生明确学习目标，解决学生不知学什么的困惑。第二步自学：学生根据"定向"规定的要求和范围，主动学习教材，独立思考，自己发现问题、解决问题。第三步讨论：自学中不能解决的疑难问题放在讨论中解决，形式是先小组后全体。第四步答疑：经过讨论仍未解决或答案有分歧的问题，或由教师进一步启发、引导学生解答，或由教师直接解答。第五步自测：根据定向的要求，主要由学生自我测试，有时也可由学生之间相互出题或教师出题进行测试，让学生及时知道自己学习成效。第六步自结：下课前几分钟让学生总结一下本节课的收获，让全班学生学习的情况得到反馈、交流。

四、课堂教学设计的理念及其发展

在我国的教学设计中，以往的教学设计基本上是关于"如何教"的设计，即它是教师具体怎么"教"的实施方案，这从教师们对它的称谓上也得到了集中反映——教案。教案即教学方案也。这种以"教"为中心的教学设计模式是基于客观主义学习理论的"教"，是指知识传递！设计的焦点在"教学"上，主要研究的是"如何教"，而很少考虑学生"如何学"的问题。这类模式与"教师中心"的教学模式有不可分割的联系，它的优点是有利于教师主导作用的发挥。这种教学设计理论长期统治着我国学校的课堂，其严重弊端是完全由教师主宰课堂，忽视学生的主体作用，不利于创新型人才的成长。这种典型的现象是我国的学生在课堂上的主动性与活跃程度,以及创新能力总体上都不如美国学生。

近年来,随着以学定教、先学后教等教学模式的兴起,教学设计的观念与视角也发生了很大的转变,出现了以学为主的教学设计观。以"学"为主的教学设计模式主要研究的是"学",是促进学生"学"的设计。这里的"学"是指主动的意义建构,强调教育者精心为学生选择和设计恰当的学习环境,也必须重视自主学习策略和协作学习策略的设计,它与"以学生为中心"的教学模式相联系,但由于只强调学生的"学"而往往容易忽视教师主导作用的发挥。

实际上,教与学是课堂活动的两个不可分割的面,不存在学当然无从论教,但没有教,学也就失去了必要的指引而变得忙乱无序。施良方教授指出:"教与学在实践中是不可分的,但在理性思维中是可以分的,在理论上可以分别研究。教学理论是关于'如何教'的理论,研究对象是教师教的活动,所关心的是'教师的教怎样影响学生的学'和'怎样教才是有效的'。学习理论是关于'怎么学'的理论,研究的是学习的性质与学习心理过程和影响学习的因素。"

教学理论分为哲学取向和心理学取向两类,我国的教学理论基本属于哲学取向的,强调学与教的相互依存。美国的教学理论属心理学取向,以学习心理学为直接依据。如斯金纳、加涅、布鲁纳、奥苏贝尔、罗杰斯等人的教学理论,以及正在兴起的建构主义教学理论。这类理论是着眼于"学"来论"教"的。

由于教与学在实际上的相互交织和渗透,教学理论不可避免地要涉及学生的行为和活动,研究的层次越具体,对"学"就涉及得越多。

在美国,教学设计理论与教学理论形成的理论依据和实践背景几乎是一致的。在美国教学设计家瑞格鲁斯与我国学者刘美凤的 E-mail 访谈中,瑞格鲁斯把自己的教学设计理论简称为教学理论,并认为与加涅等人的教学理论是相似的。因此可以说,美国的教学理论体系包含着教学设计理论。

在我国,何克抗教授论证教学理论与教学设计的区别时指出:教学理论是研究教学本质与规律的理论性学科,而教学设计则是对各个教学环节具体设计与计划的应用性学科。教学设计在学科层次上要比教学理论低一级,并且引用王策三先生的观点说明教学设计是教学理论与教学实践之间的中间环节。由此可以推知:教学设计理论是从属于教学理论的,是关于"教"的理论,研究的重点是关于"教"的计划与实施和评价,因此,任何教学设计模式的重心都是如何施教,所不同的是教师的角色和活动的形式。

在美国，20世纪初，杜威提出了与赫尔巴特传统教育思想针锋相对的实用主义教育思想，倡导"儿童中心"，兴起了进步主义教育运动。由于杜威的教育思想与美国的民主精神和科技发展的社会背景相适应，美国的教育就逐渐从赫尔巴特的"教师中心论"转移到杜威的"儿童中心论"。此后学生中心的观念一直占统治地位。从认识论的角度来看，学生是认识活动的唯一主体，因此，"学生中心"的教学思想和观念是正确的。

在我国由于长期的"师道尊严"等封建教育观念影响，以及近现代先后接受赫尔巴特和凯洛夫的教育思想，"旧三论"的观念在教育实践中根深蒂固。

而教育条件落后的大班教学和长期的应试教育，又为忽视学生的主体地位提供了极好的借口。在这种背景下广大教师进行的是经验式的教学设计，大都以"课堂为中心""书本为中心""教师为中心"，教学上的许多决策都是凭教师个人的经验和意向做出。因此在我国通过普及现有的教学设计模式来确立"学生中心"的观念是一项紧迫而又长期的任务。

第三节 教学设计的逻辑结构及其重构的含义

一、教学设计的逻辑结构及其重构的含义

"逻辑"一词共有四层含义：
（1）表示客观事物发展的规律，如这不符合生活逻辑。
（2）表示思维的规律性或规则，如无论说话或写文章都要符合逻辑。
（3）某种特殊的理论、观点或说法，如"谁先控制海洋谁就将控制世界"。
（4）研究思维形式及其规律的科学或行动，如逻辑学、逻辑研究。

在教育实践领域当中，"教学逻辑"则体现的是当前教育改革发展的规律，在教师身上，体现的是教师对教学的价值取向，所有的一定的教学思维。例如：有一些教师似乎从来不关心"为什么教"的问题，他们遵循考什么就教什么的原则，教什么是不言自明的，什么内容与考试有关就教什么，奉教科书上呈现的知识为圭臬。他们只考虑怎么教，在考试的指挥棒下甚至简化到怎么训练。在这类教师看来，教学就是为了学生将来升学做准备，"让学生顺利升学，考上理想学校"是教学的唯一目的，对教学价值的选择停留在"传递知识"上，教学就是塑造"知识人"，让学生不断地占有知识，应付好每次考试。在课堂上，认真负责的教师往往把力气花在讲清知识、落实练习，使学生牢固地掌握知识、确保考试时不出差错上。这种教学逻辑追求的是应试教育。

有一些教师不仅关注"怎么教",更关注"为什么教"和"教什么",以"为什么教"为教学的出发点。教育要培养一个什么样的人?这类教师对此有自己的思考,认为教育不只是让学生掌握知识,顺利升学,更重要的是让学生的身心得到健康成长。因此,教学不仅要让学生掌握知识与能力,更要关注学生的生命质量,让学生体会到学习与生活的愉悦性,培养学生对万物的好奇心与兴趣,过与其年龄相称的快乐学习生活。教学要使人成为人,成为他自己,促进人的发展。这类教师把教学变成研究,研究学生,研究教学,寻找学科教学中的育人因素。他们不断尝试新的教学方式,想方设法以最科学的教学方式使学生在快乐的学习中健康成长。这种教学逻辑追求的是素质教育,然而,在个性化教育背景下,作为一名教师,所追求的教学逻辑则应该从教师为中心,转向学生为发展性主体、教师为主导性主体的双主体教学结构中。

（一）教学设计的逻辑结构

教学设计的逻辑结构指的是教学设计过程以及各模块之间的逻辑安排和组织结构,即教学设计从哪儿开始,到哪儿为止,由哪些环节和模块构成,它们之间是怎样的一种次序,相互又是一种怎样的关系,这些教学设计的要素间组织框架,就是教学设计的逻辑结构。教学系统是一个动态的复杂系统,这一系统的动态性表现为教学过程是一个由"教学"开始,继"学习""认知"动态环节而促成思维训练的网络层次系统;教学系统的层次性表现为教学活动是以文本为中介的教师"教"的序列和学生"学"的序列系统;教学系统的序列性决定教学关注的核心问题的差异性,因而教学活动既可以从教师的"教"开始,也可以从学生的"学"开始,既可以从实践能力训练着手,也可以从思维能力训练着手,表现出教学系统的多样性特点。因此,教师在进行教学设计的时候,其考虑的逻辑结构应该也与教学逻辑结构相对应。

（二）教学设计逻辑结构重构

教学设计的逻辑结构也具有四个方面,即知识逻辑（学什么:教学中成为学习材料,如教材等）、教学逻辑（教师考虑如何教）、学习逻辑（学生怎样学习）、认知逻辑（教的效果和学的效果）,随着教育改革浪潮的推动,教师进行教学设计已经不再是传统教学理念下的"备课"。

这一教学设计的逻辑结构充分体现了以知识为中心、以教材为中心,以及以教师为中心的思想,其中没有对学生的考虑,即使在选择教学方式的时候,应该以学生为依据,但也往往是由教师的经验和喜好而定。

随着新课程改革的不断深入,教学理念的不断更新,尤其是近几年"以学定教"观念的倡导，教学必须以学生为本的思想得到强化，教师们的教育观、学生观有了转变，我们达成的最基本的认识是：

（1）教育观：课堂教学是学校课程改革的核心环节。课堂教学不仅要落实知识、技能，而且要落实过程、方法，情感、态度、价值观。各学科对学生有不同的学科素养要求。因此，各学科教师有共同的，但又有区别的责任。

（2）教师观：教师在课堂教学中要起好主导作用。上海市教委巡视员尹后庆在谈到教师的基本功时，说到教师最重要的基本功是读懂学生，教师需要观察和分析"每一个"学生的学习历程；获取学生的感受、反应、行为、思考、发展和成长的信息，并进行深度分析，在课堂教学中当好引导者、帮助者、组织者。

（3）教学观：确立师生互动、平等对话、关注过程的教学观。课堂教学中，反对灌输，提倡对话，强调学生知识的自我建构。课堂教学不是关注教师教了多少，而是关注学生学会了多少，以学定教。课堂教学应该是促进学生主动、深度、富有挑战地学习，让每个学生尽最大可能发挥自己的潜能，寻求自己的价值，从而具有独立、创新、自主、批判的思考能力。

（4）学生观：教育必须从研究学生开始，真正走近学生。我们的课题研究关注的是学生的认知结构，因此，确立现代的学生观具有重要的意义。学生是有个性的，是存在差异的，个体差异是一种课堂教学资源，利用好学生间的差异可以让不同水平的学生都有所得。

此外，教学的校本特征得以关注，大家充分认识到学校之间、学生之间存在着差异，教学不能忽视教学背景条件和差异，搞一刀切。就我们学校而言，无论是师资还是学生，都与我区的其他一些学校有着不小的差异，其他学校很有效的教学模式也不一定适合我们的学生，他们的教学设计不能照搬。所以，从教学设计开始，就必须确立以学生为本的思想。这就需要对以往教学设计的逻辑结构加以重构。

教学设计的逻辑结构受教学结构的影响。从知识为本到学生为本的教学观念的转变，是教学结构发生了变化，作为教学活动先期的教学设计，其逻辑结构包括其中的构成要素和思考路径势必要发生变化，因此，教学设计逻辑结构的重构成为改进课堂的必需。

通过理论学习，我们汲取了国内外先进的教学设计理论与理念，尤其是史密斯－瑞根和肯普的教学设计模型，给了我们更多的启示（史密斯－瑞根的设计模型前面已有介绍，这里不再重复）。

史密斯－瑞根和肯普的教学设计模型都体现了以生为本的设计思想，都强调教学设计中进行前端分析。肯普模型中把确定学习需要和学习目的置于中心位置，说明这是整个教学设计的出发点和归宿，各环节均应围绕它来进行设计；当然，它的确定可以协商。各环节之间没有用有向弧线连接，表示教学设计是很灵活的过程，可以根据实际情况和教师自己的教学风格从任何一环节开始，并可按照任意的顺序进行；图中的"形成性评价""总结性评价"和"修改"在环形圈内标出，这是为了表明评价与修改应该贯串在整个教学过程的始终，而不仅仅是一个环节而已。

教学设计所秉持的理念，不仅应体现新课程的思想观念和以学生为本，而且还需体现学校的教学特色和办学追求。

我们确立的办学思想是："让学生在不同起点上得到发展，使学生在和谐发展中取得成效。"课堂是师生交流对撞、共同发展的主战场，教师的教与学生的学是密不可分的；教师成长的根本途径是课堂，学校内涵发展的要素也在于课堂。所以，解决学校的问题其落脚点在于课堂，需要调整课堂教学设计逻辑结构。因此，以课堂教学改革为突破口，以探索减负增效的课程、方法、途径等，让学生在校园里得到快乐的体验，提高孩子的幸福指数，以此来争取学生及家长的信任。

课程改革中其核心理念是"以每一个学生的发展为本"，同时，现代社会又需要创新型、复合型的人才，这为学校课堂教学带来挑战。课堂中，教师是主导性主体，学生是发展性主体，教师要处理好这两者的关系。因此，必须改变课堂教学设计逻辑结构，从以教师以为的以学科体系为线索的讲解，转变为遵循学生认知规律，由教师帮助，让学生自己进行的知识建构，即变"教师的讲堂"为"学生的学堂"。这对新兴发展中的学校来说至关重要。

基于这样的考虑，这样的课题研究对于学校带来的价值主要有：

（1）课题研究将引起课堂教学的质变，提高课堂教学效能，利于学校的内涵发展。

（2）促进教师在创新性的活动中，增强基于学生前概念的教学设计能力，特别是能够深入了解学生学习的认知结构及学习发生机制。

（3）能够激发学生的学习兴趣，引领学生积极主动地自主学习，挖掘学生的探究与创新精神，为其终身学习奠定基础。

（4）让学生在较轻的负担中高效能地学习，提升学生学习的幸福感。

二、教学设计的逻辑结构及其重构的依据

我们提出的基本假设是：学科的逻辑结构与学生认知的逻辑结构并不是完全重合的。如学龄前儿童会讲话，并不是从语法等学科结构开始的，但是

孩子没有学过语法不影响他用语言表达自己的意思。学生的学习有一定的认知规律。我们的课堂教学设计应该以学生的认知结构，也就是学生的认知逻辑来改变。以学生发展为本的课堂教学需要逻辑结构的改变。

（一）维果茨基的"最近发展区"理论

维果茨基（Vygotsky）是苏联心理学领域社会文化历史学派的创始人、社会建构主义的奠基人，他于20世纪30年代提出了"最近发展区"理论（Zone of Proximal Development）。

维果茨基认为，教学和发展是一种复杂的动力制约关系，正确组织的教学能引起并激发教学以外根本不可能的一系列内部过程。合理的、科学的教学过程是心理发展的源泉。他根据自己关于儿童心理发展的观点，对当时流行甚广的心理测验方法提出了质疑，认为仅依据儿童能否独立完成问题来确定儿童的发展可能性是不科学的，进而提出了教学与发展关系的描述区间，即"最近发展区"。

1."最近发展区"的含义

维果茨基认为，儿童的发展任何时候都不仅仅是由成熟决定，至少可以确定两个发展水平。不了解这两种水平就不能真正了解儿童的发展进程和教学可能性之间的正确关系。第一个水平是现有发展水平，由已完成的发展程序形成，表现为儿童能独立自如地解决任务；第二个水平是潜在发展水平，是那些尚处于形成状态、心理机能的成熟正在进行的发展水平，表现为儿童还不能独立地解决任务，需在成人的帮助下，在集体活动中通过模仿和自己的努力才能完成；介于这两个水平之间的区间就称为"最近发展区"。

过去人们在教学中讨论儿童的个别差异时，更多的只看到个体在现有发展水平上的差异，维果茨基则认为，即使现有发展水平相同的儿童也同样存在发展上的个别差异，即潜在发展的可能性不一致，而且，"最近发展区"中，学习的社会特征主要框限在一个局部的社会性"氛围"内，对学习在更为宽泛的社会语境中所处的位置没有作出具体说明。

2."最近发展区"的三种解释

"最近发展区"是一个隐喻性的概念，其思想蕴含是模糊的、有歧义的，当代研究者从不同角度对之进行了多样化的解读与诠释，使最近发展区概念由笼统走向具体、由隐喻走向明晰、由设想走向应用。

（1）"最近发展区"影响下的支架教学。一种解释将最近发展区与"支架"隐喻联系起来，认为最近发展区就是"一个学习者独立工作时展示出来的难题解决能力，与在他人帮助下或和较有经验的人合作的情况下表现出来的难题解决能力之间的距离"。这一距离的缩小依赖于"支架"。"支架"一词既可以被理解为一种单方面的过程，即支架的提供者单独建构了支架并将其提供给新手使用，又可以被理解为一种协商的过程，正像纽曼（Newman）提出的那样，最近发展区是通过学习者与水平较高的合作者之间的协商而创造出来的，不能将支架作为赠送给学习者的一种预先设计好的攀登框架。两种观点的区分在于"暗示""支持"或"支架"来自哪里，是能力较强的合作者设计出来的还是共同协商出来的？可见，在"支架"框架内对最近发展区的解释也存在着分歧，教师或能力较强的同伴单方面提供的支架与通过教学产生的任务分析没有多少区别，而协商性的支架可能出现在不同形式的教学中，与合作性活动密切相关。

（2）"最近发展区"的"文化"性解释。对最近发展区的"文化"性解释以维果茨基关于日常概念和科学概念的区分为基础，即一个成熟的概念是通过概念的科学版本和日常版本融为一体获得的。达维多夫（Davydov）指出，最近发展区是社会历史环境所提供的文化知识和个体的日常经历之间的差距；赫德伽阿德（Hedegaard）认为，最近发展区是理解的知识（由教师教学提供的）和积极的知识（个体自己拥有的）之间的差距。在这两种有关"最近发展区"概念的解释中，学习的社会特征主要框限在一个局部的社会性"氛围"内，对学习在更为宽泛的社会语境中所处的位置没有作出具体说明。

3."最近发展区"的社会性解释

关于最近发展区的第三种解释采用了"集体的"或"社会的"观点，恩德斯特姆（Endestrom）将最近发展区定义为"个体的日常行为与历史发展中社会活动的新形式之间的差距"。对最近发展区作出此类解释的研究者更多地关注了社会转化的过程，超越了教学情境的局限，在分析中包含了社会生活的结构，充分考虑到了社会实践的矛盾性质。

对最近发展区的不同解释孕育了不同形态的教学模式，与"支架"隐喻相联系的解释直接影响了支架式教学和互惠式教学；文化性解释启发了合作性教学；社会性解释为情境教学提供了理论支持。

4.我们对于"最近发展区"的认识

维果茨基的"最近发展区"理论阐释了儿童发展有两种水平，这两种水平之间的距离，就是"最近发展区"。把握"最近发展区"，能加速学生的发展。

在班级授课制下，以学定教，必须考虑关注学生的个性发展。最近发展区不仅阐释了学生学习的逻辑结构，而且很清楚地表达了独立学习和合作学习两种最重要的个别化教学形式。教师的全班讲解、教师的全班演示等是课堂教学中的"同步学习",那么学生的独立学习、合作学习就是课堂教学中的"异步学习",或称"非同步学习"。学生的独立学习,即使学生学习的时间相同,但是每个学生所观察、所阅读、所习得的很可能是不同的。

(二)儿童自身的认知发展

儿童发展心理学界对儿童的认知发展有着长期的研究,发现由于遗传、家庭教养方式、认知风格等多方面因素的影响,儿童的认知发展与水平都会存在差异。其中有外部的差异(儿童个体之间的差异)、内部的差异(个体内部不同领域认知发展的差异),这些儿童认知发展中的差异,是有效教学必须遵循的依据。

我校的生源呈现出多样化的态势,高级知识分子、海归博士的后代,与农民工的子女在同一个校园里就读,出生环境、成长条件、教育基础等方面的差异,造成了不一样的学习起点。如何让这些不同的孩子在学校中展现一样的精彩,这是摆在我们面前的一个严峻的问题。这就要求我们要关注学生的差异,关注学生的认知规律与特征,进行有差异的、个性化的教育。因此,教学设计逻辑结构重构的一个基本原则与理念就是"从学生开始教学设计",依据小学生的认知特点进行教学设计。而要做到教学设计贴近学生,从学生的认知特点和发展水平出发,瑞士心理学家皮亚杰的儿童认知发展理论无疑是重要依据。

瑞士心理学家皮亚杰(Jean Piaget)是对现代教育最有影响的人物之一。

他的《教育科学与儿童心理学》等著作的发表启发并推动了世界范围内的教育改革运动,为素质教育提供了科学依据。在皮亚杰的理论中,认知阶段跟年龄直接相关。他认为逻辑思维是智力的最高表现,于是从逻辑中引进了"运算"的概念,用来作为划分人的思维发展的各个阶段的标志。他把认知发展划分为以下四个阶段——感知运算阶段、前运算阶段、具体运算阶段和形式运算阶段。按照皮氏理论,小学生的认知水平正处于具体运算阶段。

7～12岁,即小学教育期的儿童认知发展处于以形象思维为主、逻辑思维开始萌芽的状态,在思维水平上以掌握"守恒概念"为典型特征。"守恒"的概念是皮亚杰关于认知发展研究的若干概念中最重要、最有影响的一个。认知发展到了守恒概念的阶段,孩子就能够懂得一个物体的性质,如质量、数量、数目、体积、面积、重量、长度等。这个阶段的孩子能够知道,一个事物可以改变其外表形状,但性质保持不变。

皮亚杰为研究守恒概念作了一系列著名的实验。例如:他用两根同样长的线平行摆好,让孩子看清两根线是同样长的,然后把其中一根弯成波浪形,问他们哪一根长，在4岁的孩子看来，直线的比波浪形的长，但8岁的孩子知道两根线还是一样长。同样多的两杯水，一杯注入一只细长的玻璃杯，另一杯倒进大而浅的盘子，问孩子哪一个容器里装的水多，4岁的孩子说细长的玻璃杯里装的水多，8岁的孩子回答两个都一样。

不同年龄阶段的孩子面对同样的问题所作出的不同反应和行为，体现出了他们的认知水平：4岁的孩子还不具备守恒的意识，8岁的孩子已开始了解守恒的原则。在皮亚杰看来，掌握守恒原则，标志着孩子正在逐渐摆脱前操作、前概念阶段那种凭印象、靠感觉去认知事物的特点。他们能够二维或三维地去观察和认识对象，能够从这边想想，再从那边想想，发现其中的关系，不再像先前那样顾到这头就忘了那方，对事物只看表面和外部，不识其性质和关系。

皮亚杰把人在具体运算时期所获得和体现的认知能力又称为"逻辑操作"，像算术的加减法、语文的组词造句、为人处事的一般道理等都属于逻辑操作。逻辑操作是进行逻辑理性思维的必要前提；换言之，当人的认知水平能够进行逻辑操作时，他就可能进一步发展到逻辑思维能力。但是，在具体操作时期，孩子的逻辑能力仍在很大程度上受限于具体实物，他们的思考还没有完全脱离对象的实体性的、可观察、可感知的方面。他们还不能抽象思维，也即在一个理论假设前提下进行演绎、归纳的逻辑推理。这一个更高级的认知能力要在下一个发展阶段才能出现。

12岁以后，即中学、大学教育期。在皮亚杰看来，这一个阶段是人的认知发展进入成熟的最后一个阶段，其特征在于达到了抽象思维水平，认知主体已经能够脱离认知对象的具体感知性，完全通过符号来进行认知活动。正常情况下，人从12岁就进入此阶段。中学数学中的代数、立体几何、函数等概念，已经很难现实地去认识，不像买2个苹果再买3个苹果共有5个苹果那么直观，它们不是物与物或物与数之间的关系，而纯粹是数与数之间的关系，要搞清这种性质的关系，必须具有抽象思维能力。形式运算阶段一般也是中学学习阶段，孩子上中学后将大量运用抽象思维能力。

按照皮亚杰的理论，这个时期的学生，在思维方式上具有渐进性的三个特征：

（1）假设演绎推理：假设演绎推理跟具体运算阶段那种简单、具体的直接演绎推理不同，学生可以跳出直观情境的局限，对所面对的问题提出一系列的假设，然后根据逻辑对假设进行验证，最后得到答案。假设演绎推理是从经验向理论上升所必经的途径，它强调了理性和演绎在知识学习中的作用。认知发展接近或处于形式运算阶段时期的学生，应该具有这样一种逻辑思维能力。

（2）抽象命题推理：当假设演绎推理的前提彻底超出感性材料具体情形，成为一定的抽象判断或命题时，处于形式运算阶段时期的学生一般仍能在此基础上进行比较严密合理的思维，不受限于现实或具体的事物。命题推理是一种完全超越感性现象的纯逻辑的思维方式，此种思维方式对青少年的心理成长很重要。因为青少年喜欢从幻想中计划未来，合理的思维才是合理规划的基础。

（3）组合推理：随着假设演绎推理能力和抽象命题推理能力的提高，学生进而能够处理由多项因素形成的复杂问题情境，可以根据问题的条件设计多步骤分解方案，而且能够自行提出假设，能概括某些因素，组合另一些因素，在系统验证中获得正确答案。

形式运算阶段标志着认知水平的发展成熟。人只有在这个水平上才能摆脱自我的、当前的、物质的、现实的局限，去思考更深刻、更具普遍性的问题。

形式运算阶段的认知能力是学生具有独立思考能力的标志。它虽然从12岁的年龄阶段可以显现出来，但它必须有一个阶梯式发展、螺旋式上升的累积、渐进的过程。儿童认知发展的几个阶段既不可以跳越，也不会逆转，存在着自身的发展规则。而且，前面的发展对后面的发展具有奠基的作用。

除了儿童认知发展的一般规律是我们重构教学设计逻辑结构的依据外，儿童发展中的差异也是教学设计重构时必须考虑的重要因素。

研究发现，儿童的具体运算能力从一年级到三年级发展迅速，到五年级达到比较稳定的水平。同时，儿童在四种形式运算任务上的得分和通过率都随着年级的升高而提高，这表明儿童的逻辑推理能力在具体运算阶段已经萌芽并逐步发展。这些结果表明儿童的认知发展存在显著的年龄差异。研究还发现，在同一年级内不同儿童的认知发展也存在很大的个体间差异。在中科院心理研究所心理健康重点实验室和湖南师范大学心理系龚少英、盖笑松、刘国雄和方富熹主持的一项"小学儿童认知发展的个体差异研究"的认知水平测试中，在每一个年级都有少数儿童只能通过很少的项目，同时也有少数儿童能通过绝大多数或所有的项目。这表明在同一年级的同龄儿童其认知发展并不同步，个体间存在着较大的差异。

研究发现，同一儿童能够通过属于同一认知结构的一些项目，但不能通过另一些项目，这表明儿童的认知发展存在个体内差异。具体运算阶段的儿童在各类认知任务上的发展不是完全同步的，也即一个儿童不是同时获得具有同一认知结构的各种概念，而是有一个先后顺序。小学儿童的认知发展存在个体内部差异的证据表明同一儿童对不同概念的掌握水平是非同步的（这可以运用美国哈佛大学教育研究院的心理发展学家霍华德·加德纳的多元智能理论加以解释），从各年级在各项目上的通过率可以看出，在具体运算任务中，儿童首先掌握排序、顺序、矩阵、阴影概念，其次掌握除容积守恒外的各种守恒概念并发展观点采择能力。

儿童认知发展的个体差异有着重要的教育意义。儿童对概念的掌握速度不同，那么他们的最近发展区也不同，因此在教育教学中，对认知发展速度和概念掌握水平不同的学生应采取不同的教学方法，以适合他们的最近发展区，最大限度地促进每个儿童的认知发展。

三、教学设计逻辑结构变化的基本原则

教学设计是以教学理念与理论指导、依据学生实际和发展需求、围绕学习内容与目标，系统规划教学活动的过程。教学设计要完成的主要任务是：以促进学习者的学习为根本目的，运用系统方法，将学习理论与教学理论等原理转换成对教学目标、教学内容、教学方法和教学策略、教学评价等环节的具体计划，创设有效的教与学系统的"过程"或"程序"。

从以教师以为的学科体系为线索的讲解，转变为遵循学生认知规律，由教师帮助，让学生自己进行的知识建构，即变"教师的讲堂"为"学生的学堂"的课堂教学设计逻辑结构中，我们强调了以下三个方面的要素：一是正确处理好学生自我学习与教师帮助其发展之间的关系；二是正确处理好前端分析中静态分析与动态分析之间的关系；三是正确处理好教学过程与教学评价之间的关系。

（一）正确处理好学生自我学习与教师帮助其发展之间的关系

关注学生的学习，促使学生主动地、富有个性地学习，关键是要转变学生的学习方式。在我们课堂教学设计逻辑结构变化的三要素中，"学生自我学习与教师帮助其发展之间的关系"，着重是为了重构教与学之间的关系，改变学生的学习方式与教师的教学方式，促使学生由"被动接受"转变为"主动建构"，促使教师的角色则从"课堂霸主"转变为"知识的助产婆"，这是三要素中最为核心的要素。

教学设计逻辑结构变化的主要理论依据是皮亚杰的儿童认知发展理论和维果茨基的"最近发展区"理论。皮亚杰认为小学儿童主要处于形象思维阶段，到小学高年级时其逻辑思维开始萌芽。儿童的思维发展具有一定的顺序，不能跳跃，也不会逆转，各种能力的学习具有一个最佳期。所以，教学只有符合儿童的这种认知发展时，并抓住"最佳期"的机会，才会事半功倍。维

果茨基的"最近发展区"理论阐释了儿童发展有两种水平：一种是已经达到的发展水平；另一种是儿童近阶段可能达到的发展水平，表现为"儿童还不能独立地完成任务，但在成人的帮助下，在集体活动中通过模仿能够完成这些任务"。

这两种水平之间的距离就是"最近发展区"。把握"最近发展区"，我们重点研究的是通过各种方式方法，如学生可以先学、先读、先练等，可以借助自我学习单、视频、图片等资料，促使"最近发展区"最大化。

我们探索的教学设计的逻辑结构改变，主张将学生自我学习—反馈评价纳入教学设计中，教学以学生自我学习的结果为起点，这就改变了以往无论学生懂不懂，教师都一律从自己设定的内容和环节开始教学的做法。同时，在教学过程中对一些重要的知识也强调先让学生以小组合作、同伴一对一互助等形式进行自我学习，然后教师根据学生自我学习的反馈，决定是否调整教学预案。教师教学的用力点主要放在学生无力解决的问题和难点上，或者思维方式方法的指导上。因此，"教师帮助其发展"的任务是培养学生倾听的习惯与能力，并引导学生公开发表想法，暴露思维过程，帮助其学会如何分析问题，保证让每个学生对知识获得比较透彻而清晰的理解，并获得问题的思考方法，通过对课堂教学的循环实证研究，提升学生的高阶思维。

（二）正确处理好前端分析中静态分析与动态分析之间的关系

准确地确定学生"最近发展区"是教学设计中的重要一环，它就是我们在新教案中强调的前端分析。学生的最近发展区是在不断变化的，因此，我们在对学生的学习分析，不仅有静态分析，又有动态分析。正确处理好前端分析中静态分析与动态分析之间的关系，打破了之前教学五环节之间那种封闭的线性关系，变平面分析为立体分析。前端分析中的静态分析包括对教材的分析、对学生已有基础知识和基础经验的分析，而动态分析则借助一些手段能够"真实地"判断学生当前的状态：学生相对之前发生了哪些变化，将要教学的知识哪些是学生自己能学会的，哪些是需要引导的；确定哪些是通过生生之间的帮助就可以克服的困难，哪些是需要师生互动才可以解决的问题，关注学生进行下一环节的学习时的学习起点，关注教师如何指导学生进行下一环节的学习。

在正确处理前端分析中静态分析与动态分析之间的关系，我们的做法是：教研组深入学习课程标准，梳理单元内容，教师根据本班学习起点，进行前端分析，重构教学设计的基本过程框架，做到宏观把握教材体系，微观调控教学内容；在上课前，教师再次细化课时前端分析，采用多种手段分析不同层次的学生的学习基础,把握不同的学习起点,关注学生独立学习后可能遇到的问题,做到教学设计进一步满足学生的不同学习需求。动态分析的对象主要不是知识而是学生的变化,在学习中,学生才是最活跃的因素,也是最易发生变化的因素,所以,动态分析实际上就是强调学生变化的剖析。它包括学生学习方法与技能的变化、态度与情感的变化、知识基础的变化以及学生对教师教学习惯适应的变化等。对这些动态因素的正确把握才是教学设计成功的关键。目前学情分析得到了一定的重视,但往往还处在静态分析阶段,一般都只是做些知识基础的分析而已,对学生学习过程中的变化分析不够,我们为了做好动态分析,要求教师随机对学生进行课后访谈、询问,或者通过作业批改等途径,及时了解学生需求与变化,使教学设计因生而变。

(三)正确处理好教学过程与教学评价之间的关系

在目前被普遍应用的课堂教学五环节流程中,各环节是相对独立的,成一种线性的状态,如评价常常是在课堂教学之后进行的。在改变的课堂教学设计逻辑结构中,我们主张课堂教学五环节相互融合、渗透,尤其是教学评价与教学过程融为一体。教师常常让学生带着问题、练习要求进入自我学习,其自我学习的结果也可用于学生对自己学习的评价;在合作学习时,这些问题、练习的结果又可以作为学生相互之间的评价、教师对学生的评价。学生独立能学会的,或者是合作学习能学会的,教师不用再重复。这里关键的是问题、练习的设计依据教学目标,依据教学的重点难点。学生在学习体验过程中,学习参与度、积极性和自信心提高了,教学效能也就大大提高了。

教学过程与教学评价融为一体,教师评价学生的学习主要由以下四个方面切入:一是教师对学生掌握知识程度的评价,比如在学习一个知识点后,教师需以一定的手段检测学生哪些学会了,哪些没有学会,没学会的错在哪里。二是教师对学生解决问题过程的评价,比如对问题分析的方法是否得当,解决问题的过程是否正确等。三是教师对学生问题解决方法的评价,比如一题多解,哪种方法最优。四是教师对学生解决问题中参与度、态度、表现的评价,比如对学生精彩回答的即时点评,对学生发表的观点的评价等。这样,过程成为评价的要素,评价引导着过程,两者互为依存,使教学变得更加有声有色。教学设计与课堂教学实践是规划、假设与实战的关系,一个优秀的教学设计会全面考虑、精心策划、系统规划教学实践活动,保障教学过程的顺利推进,达到预设的教学目标。但再好的教学设计,与学生在活动中的实际表现总会有差距,因为学生是个活跃的生命体,前端分析不可能百分百地精准把握一切,所以有人说教学总是一件留有遗憾的事情。因此,教学设计逻辑结构的改变不是只在设计阶段，还在教学之中与之后，每次教学实践后，通过反思，发现原先设计中的不足与问题，改进后来的教学设计，不断地进行重构，使之更精准地切合学生，更好地促进学生发展，是我们的初衷，也是不懈的追求。

课堂教学设计逻辑结构变化的两大要素是教师与学生，而变化的主要阵地就是课堂。因此，本研究主要围绕课堂教学中教师的教与学生的学这两个方面进行研究。

1. 课堂教学设计逻辑结构的变化重点

以教研活动为载体，教研组进入课堂进行听课，关注课堂教学设计逻辑结构的变化重点：师生互动，讲讲、做做、读读、议议、练练相结合。具体表现为以下三个方面：第一，教学方式的改变。主要依据有：学科中的核心知识；学生要掌握这一知识缺乏经历，或者有部分经历而得出了错误的或不全面的结论；主题更贴近学生实际生活。第二，教学方法更适应学生的学习需求。课前教师要预先了解学生的学习倾向，摸清学生学习的"最近发展区"，做好前端分析；在课堂教学中根据学生的反应及时调整教学方法；课后结合学生的阶段发展特点及时调整下一阶段教学内容。第三，教学的三维目标更关注学生可持续发展。三维目标注重的是关注人人皆有发展的目标；关注学生合作学习的过程；把握课堂师生交往互动的度。

2. 课堂教学设计注意的问题

在本课题的研究中，课堂教学设计逻辑结构转变为以学生的学习为主、在教师的帮助下为线索的课堂教学逻辑结构，在这样的课堂教学逻辑结构下，课堂教学设计需要注意以下三个问题：第一，在体现学生是学习主体的状态下，发挥教师的教学主导作用。教师的主导作用表现在引导学生自行获取知识和形成能力上，要让学生有更多自主学习的机会，真正做到动脑、动口、动手，使他们在学会中会学，从被动接受知识发展为主动获取知识。第二，遵循学生认知规律和学习心理。学生的认知规律和特点，取决于他们的年龄心理特征。年龄越小，知识、经验越少，感知能力差，依赖性比较强，无意注意占主导地位，以具体形象思维为主。随着年龄不断增长，他们的知识和经验增加了，感知能力也提高了，能通过一定的意志努力集中注意力参与学习活动，其思维也由具体形象思维逐步过渡到抽象思维。在设计教学的过程中，必须遵循这些认知规律，使教学过程符合学生的认知要求，只有这样才能取得教学的满意效果。第三，依据教学策略设计体现一定的教学方法。教学方法是教师和学生为共同实现教学目标而采取的教学方式。它包括教师教的行为和学生学的行为，两者相辅相成。

3. 观察教师的教学行为与学生的学习反应

在这三个方面的引导下，编制一定的课堂观察量表。在教研活动中，由一位教师执教，其余教师每人认领一个课堂教学环节，对照课堂观察量表依据教学设计，观察教师的教学行为与学生的学习反应。

观察到的教师教学行为与学生的学习反应，一方面，评价了教师的教学效果。例如：在教研组内进行头脑风暴，不仅为执教教师提供了反思诊断自己教学的机会，而且为听课观摩的教师提供了经验学习的契机。两方面结合指导教师不断改进自己的教学行为。另一方面，评价了学生的学习情况。比如：教师在课堂中提出一个问题，学生回答的情况，可以反映出学生掌握知识的情况。学生在课堂教学中的学习行为与学习习惯又促使教师不断调整课堂学与教的策略与方法。

第二章 小学课堂教学设计

第一节 数学阅读教学的设计

一、数学阅读教学的内涵

人们普遍建立了终身教育观念,终身学习的意识不断增强,而终身学习的能力也不断得到提升。学习型社会的建设由口号走向实践,所谓的全民阅读、全科阅读已经开启,接受知识很重要,但学会学习才是学会生存的根本。如何在教学过程中使学生学会学习是教育工作者一直思考的问题。当前学生发展核心素养备受一线教师、教育工作者和教育专家的关注。数学是一门研究数理逻辑、数量关系、空间结构变化的学科。阅读是提取、加工文本信息的一个以理解为核心的认知过程,是自我学习知识的一种重要学习方式。数学阅读就是通过数学文本获取数理知识、理解数量关系、感知空间结构变化的过程。其类属于阅读的一种,从认知程度上来看,同阅读一样,也可分为浅层阅读和深入阅读两种形式。浅层阅读停留在浅见的、浅显的层面上,而深入阅读则是需要在发挥学生主观能动性的基础上发现数学信息、探求数学问题。数学阅读教学则是一种主要体现在教师的教和学生的学对于文本获取数学信息的智育活动。数学的学习不仅仅是题海战术,数学教学更不是仅仅依靠多讲解习题来笼统代替。数学名词定义、定理、方法、公式都依赖于数学语言的呈现,数学语言是通过文字、符号的表达,教师需要借助数学阅读教学让学生在过程中思考、记忆、理解和表达。

二、小学数学阅读教学的意义

大多数学生的数学阅读意识、数学阅读习惯和数学阅读方法尚未形成。对于应用题题干信息把握不全、各条件的逻辑关系把握不够等,这些都说明部分小学生的阅读能力较弱。在小学阶段,数学课堂上阅读教学显得尤为必要，小学生在阅读的过程中可以加深对文本信息理解并加工储存数理知识。同时，很多教师对数学阅读教学的重要意义没有足够重视，有意识地培养学生数学阅读习惯更是少之又少。数学教学过程中常常呈现"为了解题而解题"，我们教育教学中最应该谨记的是"授人以鱼不如授人以渔"。学生只有掌握了数理知识，才会促进逻辑思维的运转，才能解决数学问题。在小学数学教学中，重视数学阅读有着非常重要的教学价值和意义。

（1）从学生认知特点分析来看，数学阅读教学符合小学生实际认知规律的发展。根据皮亚杰的发展阶段论，小学阶段的学生（6~13岁）处于具体运算阶段及具体运算向形式运算转化阶段，其思维具有具体性和形象性等特点，数理逻辑的抽象运算、逻辑推理能力较弱，学生的学习迁移能力较弱，学习习惯还处于塑型时期。

（2）从小学数学学科特点来看，小学数学主要是让小学生对数学有初步的认识，其主要包含了数的认识、数的关系、简单的图形问题等，要求数学教学的教学内容贴近生活，便于学生对于知识的迁移。但由于数学学科本身较语文、英语等学科具有抽象性、逻辑性较强等特点，数学语言的表达形式也较为抽象。因此，教学方式大多选择直观教学，教学生活化，紧密联系学生已有经验，数学知识大多需要详细的文字解释，小学数学的知识点适合用阅读教学，同时通过阅读教学有效地完成教学任务、实现教学目标。

（3）从小学数学教师成长需求方面来看，不管是新手型教师，还是经验丰富的教师，都需要把握课程改革的方向，充实提升自我，促进教师专业化成长。教学改革的核心内容之一是教学方法的改革，小学数学教师不能因小学阶段知识的简易，而忽视教学方法的改变或调整。小学数学教师运用数学阅读教学，首先是树立一种以学生的知识、经验、能力为学习视角的生本理念，其次是作为一种有效的教学方法，促进学生核心素养的发展。

三、小学数学阅读教学影响因素

（一）教学理念

教师的数学阅读教学理念，即教师自身对阅读教学的理解与阅读方法的掌握，都将渗透在其教学设计与课堂教学之中，决定着课堂教学过程中时间的分配、方法的选择、问答的设置、互动与交流。小学数学阅读教学和传统课堂相比，教学穿插数学阅读教学便于教师更好地关注学习相对困难的学生，同时，增强小学生数学的理解能力，发挥他们的主观能动性，激发他们学习数学的兴趣，促进他们的独立思考能力。如何促进学生对知识的理解，是教师备课的优先考虑因素，备课就是备学生。教师从学生的理解视角出发和从自己的理解视角出发，进行的教学是不一样的。不能依从自身教学习惯而对学生的认知结构欠考虑。阅读教学是一种以理解为基础的促进教学的方法，也是一种生本教育理念，是发展学生核心素养的有效方法。教师教育理念决定着数学阅读教学是否可以实施。

（二）教学内容

数学阅读教学受教学内容的影响，主要表现在授课类型的不同，即随着授课类型的不同，阅读教学设计中的教学时间分配就有所差别。按照授课类型划分，数学课主要包括新授课、复习课、习题课和试卷讲评课。新授课在教学设计时可安排一定的时间运用数学阅读教学的方法，使学生在理解的基础上促进逻辑思维的运转。复习课复习大量知识点、定理和解题方法，通过数学阅读教学重复加深记忆，课堂教学可以用大量时间来运用。习题课和试卷讲评课以习题讲解为主，在习题讲解过程中应用数学阅读教学方法需要根据具体题目具体安排，典型问题可着重用这一方法去分析问题、加深学生对此类题型的记忆，但计算题或者布置计算任务就不太适合用这一方法。

（三）学生学情

小学生的已有知识储备、数学思维、数学认知结构、阅读心理、阅读习惯、阅读方法等学习情况都是数学阅读教学实施应考虑的因素。学生原有的数学基础是他们的知识储备，数学阅读教学需要联系学生已有知识经验才能对新知识产生认知，数学阅读教学需要联系学生已有知识经验，将新旧知识建立联系，才能对新知识产生认知，小学生的数学逻辑思维影响着学生的思考问题方式，实施阅读教学需要根据学生的思维方式开展。学生的数学认知结构决定数学阅读教学具体安排。学生的阅读心理对阅读是否有兴趣，是否排斥、抵触。学生的阅读习惯和方法决定着阅读的效果是否能实现预期目标。对小学生的学习情况的了解是实施数学阅读教学的基础。

（四）教学氛围

从教学环境来看，学校的整体教学氛围潜移默化地影响着数学阅读教学是否可以顺利实施。一般而言，学校的同一学科都是以教学组为单位进行备课，教学风格相似，因此，一所学校数学教学的主要方式是以讲解教师为主还是学生自主学习抑或二者参半，决定着数学阅读教学是流于形式还是顺利实施。此外，数学阅读教学可以看成是学校的隐形课程，学校有意识地培养学生的一个习惯、一种能力，让学生学会学习。因此，不同的学校教学氛围所实施的数学阅读教学情况也不一样。

四、小学数学阅读教学训练策略

（一）提高对小学数学阅读训练的认识

阅读是人类社会生活的一项重要活动，是人类汲取知识的主要手段和认识世界的重要途径。阅读是从视觉材料中获取信息的过程，而多数人对阅读的视觉材料理解仅停留于文字与图片上，轻视了对符号、公式、图表等的理解。然而随着科技的进步、"数字化"社会的凸显，一个人仅具有对文字与图片的阅读能力明显不够，对符号、公式等视觉材料呈现的某些产品使用说明书、股市走势图的阅读理解将存在一定难度，不利于解决生活中的实际问题。由此可见，在数学教学中重视学生数学阅读习惯和能力的培养，显得尤为重要。《数学课程标准》强调：注重学生各种能力的培养，其中包括数学阅读能力、数学应用能力和数学探究能力。因此，抓紧数学教学中学生阅读能力的培养，应该成为我们小学数学教学研究的一个不容忽视的课题。审视现有数学教学的现状，我们的数学教学多数是落在单纯的解决数学问题上，题海战术的运用，枯燥而乏味的计算和推理并未较好地按数学课程标准的要求去培养学生的"数学阅读习惯和能力"，反而使学生逐渐失去对数学的学习兴趣，削弱了学生数学学习的动力，导致部分学生厌倦数学、害怕数学。因此，要真正落实课标的要求，就必须先要求教师提升对数学阅读教学的认知度与认可度。

（二）提高教师数学阅读教学能力

提高教师数学阅读教学能力的基础是要转变教师的数学教学观念。为此，学校要重视培训的开展，组织教师学习数学课程标准以及最新的教学理念，让教师跟上时代潮流，明确数学课程标准中数学教学阅读的重要性及对数学阅读教学的要求。同时，要加强教研组的教研活动，组织教师学习研讨数学教材，挖掘教材中有关阅读的内容，形成数学阅读教学的研究小组，注重并加强数学阅读教学与研究。阅读教学作为一种理念，教师可以对如何教学的思考、对学生成长的发现、对自我教学的监控，更新自身教育教学思想，促进自我专业能力不断发展。阅读教学作为一种方法，可以和数形结合等多种方法结合在一起来解题，教师对阅读教学的理解渗透在教学组织过程中，教师自身具备的阅读教学能力将影响阅读教学开展效果的好坏。再加上小学生这一群体自身认知发展并不完善，还不能完全自主地学习，需要教师适时地引导，那么，为了更好地教，教师就需要不断提升自我的数学阅读教学能力和教学素养。数学阅读教学较一般课堂教学更注重师生互动，教师需具有充足的知识储备，以解答学生的疑惑，营造数学阅读教学氛围，数学教师要加深对数学阅读教学的学习和理解，加强数学阅读教学，减少师生课堂交流误解。通过集体备课、互相听课、多次磨课，形成数学阅读教学氛围，促进数学教学优质化，提高数学阅读教学能力。

（三）培养小学生数学阅读习惯

培养小学生数学阅读的意识，就要让其明确数学学习是应用生活、方便生活的重要意义。逐渐培养学生的数学阅读兴趣，结合鼓励性评价，可以激发学生的阅读动机，引导其学会正确的阅读方法，不断地提升小学生的阅读能力。教学中，教师引导学生阅读，通过阅读教学，发现新旧知识内在联系的有意义学习。让学生带着问题、梳理问题后把新知识和已有知识进行联系，归纳总结方法，或者让学生联想运用了什么数学方法、数学定理解题。学生数学阅读习惯是需要长期培养的，不是一蹴而就的。不仅要在课堂上有意识培养，课外也要经常性阅读。课后，教师可布置复习学过的知识点，复述概念、定理，反思、改正错题。课后阅读《数学报》等数学刊物或杂志，巩固知识点，拓宽学生视野，深化学习数学知识的意义，发现生活中的数学问题，感受数学的趣味。小学数学阅读教学并非可以一蹴而就，而是一个需要长期坚持的教学方法，"授人以鱼不如授人以渔"，让学生学会学习，才能获得自主发展，在分析数学阅读教学实施影响因素的过程中加深对其认识。因此，让数学阅读教学真正地得以实施就需要从这些方面寻求策略。从教学的本质论上说，数学阅读教学促进了学生核心素养的发展。

五、数学阅读教学训练方法

（一）重视数学阅读教学设计

小学数学课堂教学中，如何设计数学阅读教学环节并付诸实施尤为重要。进行课堂教学环节预设，对阅读教学时间的安排，要注重教学的有效性。教学计划中运用阅读教学方法要适当，计划一定的时间，太短或次数太多则可能过犹不及。教师指导学生学会阅读的过程需要先带领，再让学生自主阅读。首先，需要正确解读数学语言，再结合问题训练。如："求三月份总共缴纳多少电费？"这个问题，很多学生把三月份误以为是三个月的总和，但实际上三月份指的是每年的第三月，先示范如何剖析问题，包括容易出错的地方，然后让学生学会剖析。其次，让学生在阅读的过程中把关键信息标注记号，如案例中的教师让学生寻找信息、汇报"一号信息"、汇报"二号信息"、得出题中实际表达的意思等。从而，学生通过标记掌握了的具体信息条件，弄清了需要解决的问题，同时也经历了思考的过程，长此以往，学生的习惯便逐渐养成，解决问题的思路也会变得愈发清晰，表达趋于完整。教学过程中，多以鼓励、表扬等课堂评价带给学生成功感，激励学生，强化数学阅读方法。数学教材的情景设计，在介绍数学文化，利用课程资源方面符合学生的生理特征、知识基础与接受水平，符合教育的原理和数学学科的特点，是学生进行数学学习的重要课程资源，具有很高的阅读价值。因此，一定要重视对数学课本的阅读。数学课本的阅读一般有课前、课中和课后阅读。

1. 课前预习是学习的一个重要环节

恰当的课前预习有助于提高学生独立获取新知识的能力，学生带着预习中不懂的问题听课，也必定会增强听课的效果，课前预习离不开对文本的阅读，为提高学生预习阅读的有效性和针对性，教师应事先给学生明确预习的范围和要求，让学生标记出文本中的重难点和疑点。若有必要还可以编制一些导学的练习题，促使学生主动预习。在新手课前，教师还应检查预习的情况，并让学生提出反馈信息，以此督促学生养成主动预习的好习惯，也能提高课堂教学的效率。

2. 课中阅读应当是集读、思、议、练为一体的活动

对于数学定义、公式和法则等数学基本知识点的阅读，教师应基于其合适的引导和学生自主探究的过程，让学生逐字逐句的阅读，读出字里行间所蕴藏的含义，抓住定义、法则中的关键字眼，体会数学的思想、观念及解题方法。同时，教师应充分利用教材例题设置的情景进行教学，引导学生讨论和思考，提升学生的自主学习性和学习积极性，在讨论中，解决自己在阅读过程中质疑的地方，使读书变成学生真正意义上的自主行为。

3. 教师应根据教材需要安排学生课后阅读

课后阅读要对学过的知识进行整理归纳和概括，起到温故知新、举一反三的作用。要让学生逐渐养成不读懂学习内容就不动笔计算的好习惯。教师还要在班级内营造数学阅读的氛围，定期出数学黑板报，举办数学阅读与趣味数学知识竞赛、数学智力竞赛、数学游戏等，激发学生数学阅读的积极性。课后阅读还要与学生的实践活动紧密结合，要让学生在课后阅读的基础上将学到的数学知识在实践活动中得到充分应用。鼓励学生自觉主动地发现生活中的数学，从生活中发现数学问题，引导学生通过查阅相关书籍、上网查询

等方法去解决问题，使阅读与学生的实践有机结合。

（二）引导学生课外数学阅读

苏霍姆林斯基说过："在学龄中期和后期，阅读科普读物和科学著作，跟在学龄初期进行观察一样，起着同样重要的作用。"对于学有余力的学生，不能使他们的数学阅读仅仅局限于数学课本，要引领他们多阅读一些数学课外读物，如《中、外数学家的故事》《趣味数学》《数学万花筒》以及与数学有关的读物等，鼓励学生在学好课内知识的前提下读自己喜欢的数学课外书、报，上网查阅有关的数学知识，或认真收集整理课外作业、寒暑假作业中的趣题、趣事等，使他们的思考不断向深度和广度发展，从而让他们在更广阔的空间中得到发展。为此，我们呼吁科普作家们能编写更多适用于小学生阅读的有关数学史料或趣味数学的课外读物，也建议《小学生数学报》等数学报刊开辟"好书推荐"栏目，推荐最新的数学科普类读物，对广大的小读者们进行数学阅读方面的引导。

在小学生的数学学习中，注重和加强对学生阅读方法的指导，有利于克服学生学习中对教师的依赖性，增强独立性；有利于加强学生对数学语言的理解，加深其对数学思想方法的理解，使之形成更好的数学思维；有利于充分挖掘学生的潜能，促使学生主动获取知识，形成良好的数学学习习惯，培养发现问题、分析问题、解决问题的能力；有利于学生融合各学科的学习方法，形成适宜于自己的思维模式和数学学习方法；有利于学生进行学科间知识的整合，促进学生综合素质的提高，为学生成长为"一专多能"的复合型人才奠定坚实的基础。

第二节 课堂提问的点名学问

在学习过程中，科学而有效的提问不仅能够促进教师与学生之间信息的双向交流，还能促进教师与学生之间情感的交流，及时唤起学生的注意，创造积极的课堂气氛，激发学生的学习动机和兴趣，真正发挥教师的主导作用和学生的主体作用，可以从侧面展示教师的教学艺术和教学魅力。

一、课堂提问的重要功能

（一）增进师生交流，活跃课堂气氛

教师教学的提问行为具有增进师生交流、集中学生注意、激发学生兴趣、启迪学生思维、检查学习结果、活跃教学气氛、获取教学反馈信息等多种教学功能，好的提问是教师高效率教学行为的一个重要特征。在这样高效率的课堂中，学生的学习效果不言而喻，在学习知识的同时也与老师建立了更加亲密的关系。一个好的问题不仅能够促进学生对所学问题进行思考，还能进一步促进教师和学生的情感交流，全班几十位同学很难有机会得到老师特殊的关注和照顾，点名提问时在全班同学中选出一位同学进行提问，这位同学无疑成为全班的焦点，也是促进老师和学生单独交流的好时机。得到老师的特殊关注后，让每位同学感受到自己的独特性和老师的重视，就会不断提高对自己的要求。老师的点名提问更是能够让学生真切地感受到老师对自己的关注，许多老师由于教授的班级众多，并以此作为记不住学生姓名的借口，无法做到应对自如的点名提问，只是随机按照花名册点名提问，或随手邀请前排、身边的学生回答问题。记住每位学生的名字表达了教师对学生的尊重，学生在得到老师的关注和尊重后，觉得自己是一个值得被重视的学生，所以会情不自禁地提高对自己的要求。

传统的注入式教学是教师一个人的"一言堂"，老师生硬死板地传授讲解知识，学生机械地背诵知识，学生和老师并不能很好进行互动，学习效果可想而知。在提问过程中教师如果能够注意学生的心理补偿机制，在学生回答不出问题时，教师可以进一步将问题由难变易，进一步将大问题分解成小问题引导学生一步步思考，帮学生"解围"。这样既缓解了学生紧张的情绪和课堂尴尬的气氛，也能使回答问题的同学获得一定的成就感和自信心，激发学生回答问题的积极性，使课堂始终保持轻松欢快的氛围。

（二）集中学生注意力，激发学习兴趣

每节课45分钟的课堂时长，对于任何一个成年人来说都无法保障45分钟的高度集中，对于小学生来说，生性活泼好动的他们更无法保持长时间的高度精力集中，在精力不集中的情况下，无论老师讲解得多么通俗易懂、娴熟精练，学生无法消化吸收，也不能取得良好的教学效果。老师整堂课的讲解无法保障每位同学都可以全神贯注地听进去老师讲的每一句话，生性活泼好动的学生在课堂上分心走神是再正常不过的事情了，很多学生虽然坐在教室，却不知他们的心思在何处神游，这样的学习效果和效率可想而知。如何能够保障学生集中注意力，将走神的学生及时拉回课堂，让学生时刻集中注意力，紧跟老师思路，就需要老师在课堂上适时地进行课堂提问。45分钟的时间内对全班同学进行了多达22次的点名提问，平均每两分钟就要提醒一次学生，好好注意听讲，认真思考。相信学生在这样频繁提问的课堂中很难走神，每当要走神的时候都能够及时被老师拉回课堂。

单纯的知识讲解势必会让学生感到无聊，好的提问能够激发学生的学习兴趣，使枯燥无聊的课堂变成趣味的知识传播。这就要求教师能够适时准确地掌握提问的恰当时机和拥有丰富的教学经验。例如，课前学生刚刚从放松的课间进入课堂学习，注意力无法一下子完全集中，这就要求老师及时提问，通过提问将学生迅速引入到课堂当中来；在上课的过程中，长时间的讲解让学生感到疲惫，教师要通过提问充分调动学生的积极性；讲到重点难点的时候，教师应把大的问题分解成几个小问题，引导学生一步步进行思考；如果课堂气氛不够活跃，老师要通过提问，调节课堂气氛，让每位同学都能够充满热情和兴趣地认真听课。好的问题以学生目前的知识水平和能力为基础，在此基础之上进行提问，问题如果太难，学生回答不出，不但处于一种焦虑紧张的状态还容易使学生产生挫败感，长此以往，学生不敢回答老师的问题，或者根本将老师的提问置之不理，影响学生的学习效果；如果问题过于简单，缺乏深度和广度，不能引起同学的思考，也同样无法调动学生的积极性，同时容易产生骄傲自满的情绪。一个好的问题不仅不能过难过易，还要以学生的兴趣点作为学习的出发点，不能从成人的角度出发进行问题的设计，青少年和成人的成长环境、生活经历都大不相同，成年人认为有意思的东西青少年不一定感兴趣，作为教师应与时俱进，积极关注青少年感兴趣的问题和事件，将它们与课堂知识结合起来，通过课堂提问，激发学生的学习兴趣，从而活跃课堂气氛。

（三）开阔学生思路，启迪学生思维

积极思考是研究问题的内部动力和条件，只有通过自己认真积极的思考才能真正地理解领悟知识。在课堂上，如果没有提问，老师只是机械式地向学生灌输知识，那将无法引起学生的思考，也就不会锻炼和提高学生的学习能力、思考水平。课堂提问是教师开启学生心智、促进学生思维能力发展、增强学生主动参与意识的基本控制手段，不同层次水平的提问调动的学生思维含量不同，引发学生的思考程度不同。因此，教师要依据学生现有的知识和能力以及课程目标的要求，设计最为适合的提问层次，从而使学生的思维达到最为活跃的状态。解答问题时运用综合性的理论依据同样有利于学生发散思维和综合能力的培养，要求教师能够把学生学过的知识和理论结合在一起，将其横向或纵向地联系起来，锻炼学生熟练掌握知识能力的同时能够灵活地运用知识。

知识回忆水平的提问一般在课前的导入阶段，用于诊断学生现有的知识水平和复习知识。理解水平的提问适用于检查学生对所学知识的掌握情况，一般用于讲授新课之后。应用水平的提问要求教师把学生之前所学的概念、规则、理论等知识结合在一起，要将旧知识迁移到新知识当中才能够顺利解决问题并找到问题的答案。分析水平的提问要求学生运用已经学过的知识分析新接触的知识，厘清事物之间的关系和结构。综合水平的提问要求学生对知识进行整体性的理解，并将这些问题用一种全新的方式结合起来，此种提问方式适合合作学习、探究学习以及小组合作。评价水平的提问要求学生根据自己的经验和思考，从不同的角度对问题进行评价，说出自己的理解和看法，首先要求学生对知识有一定程度的深入理解，能够综合运用知识同时帮助学生形成自己的世界观。通过不同的方式进行提问都是为了启迪学生的思维，不断提高学生的学习能力和学习水平。

二、课堂提问的重要性

（一）引导学生积极参与教学活动

教学过程当中，课堂并不是教师一个人的舞台，学生也应积极地参与到教学活动中，课堂是教师和学生共同的舞台，缺少哪一部分都不能构成完整高效的课堂，学生并不从属于老师，无论是学生还是老师都是课堂中的主角。课堂并不是老师一个人的课堂，只有学生积极配合老师，共同参与到课堂的活动中才能保证课堂的教学效果。如果学生在课堂上精力不集中，授课能力再突出的、授课技巧再娴熟的教师也无法将知识传授给学生，在学生注意力分散的时候，势必不能全情投入到课堂当中，老师整堂课的讲解也无法保证每位同学整节课都可以全神贯注地听讲，生性活泼好动的学生在课堂上分心走神是再正常不过的事情了，很多学生虽然坐在教室，却不知他们的心思在何处神游，这样的学习效果和效率可想而知。注意是一切形式的学习和解决问题的基础，注意的基础是焦虑，教师的任务就是造成适当水平的焦虑，使学生的注意力高度集中。课堂的点名提问给了学生一定的外部刺激，让学生在稍微紧张的情绪中努力集中全部精力，顺着老师指导的方向认真思考，防止注意力的分散。同时不同学生在面对不同难度的问题时，呈现出的刺激程度不同。著名教育心理学家 Lindgren（1985）指出，复杂任务比简单任务包含更多的刺激，而刺激具有唤醒我们中央神经系统的功能，刺激越多，觉醒程度越高，在点名提问时，根据学生的"最近发展区"提出在其解决范围内的问题，能使其具有一定紧迫感，可以更加专心认真地对问题进行分析、反应，然后归纳并得出问题的答案。课堂上的点名提问能够保证学生集中注意力,将走神的学生及时拉回课堂,让学生时刻集中注意力,紧跟老师思路,使学习效果最优化。

(二)激发学生学习积极性

对于知识的探索总是从疑问开始的。灌输式的教学之所以无法取得良好的教学效果就是因为不能使学生产生疑问,无法激发学生的学习积极性。一味地灌输只能让学生机械式地记忆,而不能发自内心地主动求学。好奇心是支配学习动机的重要内容,好奇心是接受新知识、处理信息的第一个步骤。好的问题能够充分使学生产生好奇心,在好奇心的驱使下又充分调动了学生的学习积极性。课堂提问还能够激发学生的学习动机,因为教师的提问面对全班同学,对于问题的回答在一定程度上展现了学生的知识水平和能力的大小,每一次的点名提问都相当于一次在全班同学面前的展示,所以每位同学都想要抓住机会,好好表现,希望能顺利回答出问题并得到老师和同学的赞美和许可,使自己的自尊心得到满足。这种竞争意识促使每位同学在课前做好充分的准备,认真地预习、复习,通过阅读其他的课外书拓宽自己的知识面,努力思考老师会提什么样的问题,能够在其他学生都不会的情况下精彩展示自己的能力,这也就诱发了学生的学习欲望。当教师看到学生的进步或努力,对学生进行肯定的时候,学生的自尊心和自信心都得到了满足,又进一步促进学生继续进行学习,形成良性的循环。当没有回答出问题的同学看到别人能够知道问题的答案时,也会想要通过自己的努力得到老师和同学们的认可。

(三)教师及时了解学生学习的掌握程度

教师课堂反馈行为是教师为了判断学生的学习情况、了解自己的教学效果、促进学生的有效学习而开展的对学生学习信息的采集、分析和利用活动,在课堂教学中,教师讲课的效果如何,往往通过课堂提问即时检验,教师可以通过提问了解学生课堂掌握知识的情况,以及学生对哪些地方不能够透彻地理解,探明错误产生的原因和学生的漏洞,以便更好地进行反思,不断提高自己的教学水平,针对学生的特点和薄弱的地方进行不同的教学,争取让更多学生能够透彻理解更多知识点。课堂提问不仅能让教师得到反馈,学生同样能在课堂提问中得到有益的反馈,学生可从教师的反馈信息中了解自己的知识和能力的发展情况并改正不足之处和强化正确的行为。例如,当老师讲授新知识的时候能够听懂,但当老师提问时却不知道该如何回答,说明对知识点的掌握还不够熟练,需要进一步加强联系;当听完新课后,能够顺利回答教师提出的问题,说明至少已经透彻理解了教师所讲授的内容。甚至有些自以为正确的想法和观点，在课堂回答问题时才发现原来和问题的答案大相径庭，通过课堂提问，学生能够不断地审视自己，改进自己的学习态度、方式，使自己的学习效果更有成效。案例中刘老师采用了点名提问的方法，能够根据每位同学不同的个性和特征进行提问，清楚地记住每位同学的名字表明教师对学生的尊重和了解，根据学生的不同特点进一步进行明确的提问，例如，有些学生正在走神，老师通过点名提问将其及时拉回课堂当中，继续认真听课；有些同学平时容易粗心大意，老师在提问细节方面的问题时可以点名提问这些同学，让其更加细心地注意细枝末节，减少粗心，变得更加仔细认真地对待问题。

三、课堂提问的技巧

（一）精心设计筛选问题

教师要想充分发挥课堂提问的作用就要首先对课堂提问的重要性有充分的了解和认识，也要对所教授的知识有全面的理解和感悟，不能在课堂上随心所欲地提问题。教师在课堂上提问的所有问题都是经过精心准备的，一节课只有45分钟的时间，提问的机会也只有有限的几次，所以教师要好好把握每一次提问的机会。只有问题提得恰当才能够充分激发学生的思维共鸣，引起全班同学的思考，激发学生的求知欲望。有时教师所选择的问题不恰当，不仅没有激发学生的思考，还白白浪费了提问的机会，有时还会毁了一堂原本很好的教学课。同时教师还要注意避免无效提问，有时教师的随口一问，可能就把学生的思路带到了偏离课堂的方向上，无法继续顺利按照原定的方向进行。课堂提问存在的问题各种各样，如问题过于空泛，指向不清晰，为提问而提问等，这些都是教师在课堂提问时应该注意的方面。

（二）注重语言的艺术性

提问时，教师应注重问题的语言艺术，如果教师的语言过于精练，学生无法理解问题的含义，这样的问题起不到任何的作用，学生不能理解老师所提问题的含义也就根本谈不上进一步思考了。相反许多老师担心学生不能理解问题的含义，使用繁杂的语言一遍一遍地进行解释，这样不仅耽误了课堂的时间，还容易使学生产生厌烦的心理。有些教师故意加上其他语句对问题做进一步说明，教师可能觉得说得越多学生理解得越明白，可实际上，说得越多，学生更容易找不到问题的核心思想和关键，同样影响学生对问题的思考。所以提问时教师要注意语言的简洁性、通俗性和关键性。学生只有清楚明白了问题的含义，才能对问题进行思考性的解答。这就要求教师在提问时要注意语言的艺术，能够让学生在简洁的语言中，清楚地理解问题的含义并进行深入思考。

（三）难易适度，面向全体学生

教师提问前应站在深入研究教材的基础之上，针对班级学生的实际情况进行提问，教师要控制好问题的难易程度，既不能让学生回答不出老师的问题，也不能让问题过于简单，要让学生"跳一跳才摸得着"，让每位同学通过自己的努力可以解决问题，得到问题的答案。难度大的问题可以通过导入或将其分解成小问题。还要针对不同的学生群体提出不同的问题，针对学习能力较弱的学生，要多提一些简单的基础性问题，增强他们的自信心，激发他们更多的求知欲，较难水平的问题可以让能力一般的同学先回答，其他同学再慢慢补充。教师的提问同样应该注意梯度，不仅是指正确把握所提问题的难易度，还指学生接受知识程度的把握。《学记》中说："善问者如攻坚木，先其易者，后其节目。"在学习的过程中也是这样，应该先易后难，由浅入深，循序渐进，就像砍木头要先从容易下手的地方着手一样，循序渐进。

课堂提问是中小学课堂教学中老师们经常使用的一种教学手段和形式，也是老师在课堂教学中促进学生学习、引发学生思考的综合性艺术。点名提问既显示教师对教学内容的熟知程度，也体现出老师对学生的了解和熟悉程度，体现的是教师的"心"，对教学内容熟悉的用心和对学生熟悉的用心。尤其对现在的中小学大班额教学的现实，每个老师每堂课要做到这点虽然说有一定难度，但是，从有效教学的角度来说，是值得我们每个老师重视的。

第三节 课堂教学的提问艺术

有效的课堂提问是提高教学效率的关键所在。它主要是通过师生在课堂上的提问与回答的互动，让学生获得普遍进步，实现个体的充分发展。有效的提问能驾驭参差不齐、瞬息万变的学情，能激活学生的思维，调动学生学习、探究的兴趣，既能让学生有所悟、有所获，又能使学生感受到一种身心的愉悦和享受，从而使课堂教学事半功倍。

一、对课堂教学有效提问的认识

对话是探索真理与自我认识的途径，对话以人及环境为内容，在对话中，可以发现所思之物的逻辑及存在的意义，提问则是对话的一种表现形式，也一直是国内外教师教学的有效互动方式，是师生间的一种交流与互动。在国外，苏格拉底的产婆术是典型的对话式教育，主张师生共同寻找真理。教师通过与学生对话，提出一系列问题，让学生自己悟出答案。爱因斯坦也说过："提出一个问题比解决一个问题更重要。"在国内，孔子注重启发式教学，认为"不愤不启，不悱不发"，强调教师要把握好提问的时机与度。陶行知也说过："发明千千万，起点是一问。"在课堂教学中，教师提问的有效性以及追问的适时性都是促进课堂有效生成的重要方式，也是教学目标实现的重要手段。在本案例中，从整个课堂教学视角来评判，该老师语言表达清晰，声情并茂，注重吸收新课程改革思想，课堂互动良好，学生学习积极性高。严格意义上讲，这是一堂比较成功的公开课。但是，细究这堂课，还是有些环节有待于完善，其中不足之处即是教师的随意设问和追问，如"鸟儿在唱什么歌呢？"该问题的追向与课堂教学内容相脱离，与原本预设的课程设计相偏离，看似学生回答得热火朝天，但实属本堂课的败笔。有效的课堂提问是相对于低效提问、无效提问而言的，它能驱使个体积极思维、主动参与，不断提出问题、解决问题，促进学生的思维从无序向有序化提升，从疏漏向精密化提升，从散点向结构化提升，小学四年级是学生思维发展的关键期，是从具体形象思维向抽象逻辑思维发展的过渡期。教师的有效提问是引导学生思考与学习的关键，促进学生思维发展的催化剂。一个有效的课堂提问或追问，能让学生积极主动地思考问题、并努力解决问题，从而使教学效果达到1+1>2的效果。

二、课堂教学有效提问现状

随着新课改的深入发展，教师的教学方式、教学观念得到了改变，教师更注重与学生之间的课堂互动，但部分教师受自身专业素养不高或教学经验不足等限制，将原本"满堂灌"的现象渐渐转变成了"满堂问"，教师课堂提问仅存留于问题的量上，而不注重问题的质，教师对提问的重视不够、研究不深，或是为了追求活跃的课堂气氛，或是因为误解了启发式教学原则，设计了许多不恰当的问题，最终导致整个教学过程看似互动激烈，学生讨论得有声有色，但课堂教学效果却不令人满意。中小学课堂教学中，常见类似的教学情境，教师在教学中，根据教与学的实际情况，常常不经意地提出一些原本未设计的问题，然后又根据学生的回答，进一步追问。"学起于思，思起于疑，疑起于问。"很好地告诉我们学会提问的重要性。但若是无效的提问，将会限制学生的思维发展，同时，这种随意设问也有可能导致两种截然相反的结果：一是教师收放自如，并能对学生五花八门的回答进行合理点评，顺利回归主题，凸显教师的教学机智；二是放得出收不回，不能对学生的各种回答给予正确评价，也不能有效地引导学生根据教学主题进行思维拓展，出现教学中断等消极教学行为，不利于整个课题教学的节奏把握。课堂提问是师生互动的常用手段，那如何才能提高教师课堂提问的有效性呢？可以从以下三个方面来进行分析：其一，提高教师的专业素养。课堂提问的设计是一门艺术性的设计，教师除了要对专业知识精通，还要对相关专业知识有所了解，尤其是心理学，要熟悉各阶段学生心理发展的特点，找准学生的兴趣点。教材是教师教学的工具，教师在进行教学设计时，要精准剖析教材，找准重难点，预设好问题情境。其二，掌握多种提问方式，注意提问的坡度。提问类型多种多样，只有熟悉各种提问方式，在恰当的问题情境中选择合适的提问方式，才能使教学事半功倍。同时学生主体是动态的，提问要注意学生的认知发展水平以及整体的实际水平，要注意结合教学内容的逻辑结构，层层递进、环环相扣，从易到难，慢慢增加学生的自我效能感。其三，提问要切中要害，把握时机。"不愤不启，不悱不发。"要注重提问的时机与度。学生对教师随意设问与追问，而表现出的超乎教师意料的行为，教师应积极面对学生的表现，或通过简短评价顺势转入下阶段教学，或因势利导深掘该问题和进一步拓展学生思维。教师可以结合学生已有基础和接受能力，以班级学生的中上水平为主体基础，设计可以启发思考的、难易适当的、最适宜的问题，结合课堂教学内容和进度，基于不同教学环节的具体教学目标，在学生"愤"和"悱"时，适时抛出问题，让大多数学生很快参与进来，再通过难易分层的补充性问题，兼顾优秀学生和学习基础较为薄弱的学生，实现"面向全体、兼顾个体"的教育需求，也让提问真正起到"启"和"发"的理想效果。

三、小学语文课堂提问中的主要问题

当前，小学语文课堂提问环节中存在许多问题，降低提问效率，不利于小学语文教学活动的开展。首先，从课堂提问的内容来看：教师设置的问题数量相对较多，且提问水平较低，不能使学生的思维能力得到提升；教师设置的问题相对较为零碎，缺乏逻辑结构性，有的问题与学生实际相脱节，尤其不能将问题设定在学生思维的最近发展区域内；部分教师的课堂提问只相对于部分学生而言。其次，从课堂提问的技巧方面来看，教师存在的问题主要有：提问后，教师等待学生回答的时间少，学生不能对问题有效考虑；部分提问不具备引导性或启发性，即使学生能够回答，但与后续教学的联系性不强；教师未能及时对学生的回答作合理评价。

那么，针对上述小学语文课堂提问存在的主要问题，改善小学语文教学中课堂提问存在的问题有以下三个方面的措施：

（一）增强教师课堂提问的意识

小学教师应该关注小学生的特点，注重采用课堂提问这种方式来促进学生对语文知识的学习。教师应该意识到课堂提问的重要作用，应该利用课堂提问来活跃课堂氛围，调动学生的参与积极性。只有学生愿意参与到课堂中去，和教师一起积极思考，才能在实现对相关语文知识学习的基础上，促进学生学习能力的发展。例如，小学教师在讲授《称象》这篇课文的时候，可能会凭借自己的生活经验和学习过的知识，觉得这篇课文很简单。而对小学生来说，对这篇课文似是而非的理解状态，可能会使其丧失学习的兴趣。这时候，教师就应该通过课堂提问的方式来促进学生的学习。首先，教师提问："同学们你们知道大象有多重吗？"这时候学生因为对具体的数量词没有概念而众说纷纭，产生了兴趣。其次，教师再提问："有没有知道应该怎么给大象称重的呢？"学生再次讨论得到各种结果。最后，教师再引入对这篇课文的学习，学习曹冲是怎么给大象称重的。这就通过提问调动了学生的学习兴趣，提高了学生的思维能力。

（二）根据学生的实际情况设问

小学教师在语文课程教学的课堂提问中，应该重点考虑小学生的思维发展特点和具体的学习情况，只有这样符合实际情况的提问才能使学生更能切身体会到课文的内容，以及教师要求的学习目标。教师应该注意提问的方式和提问中采用的词汇，应该是小学生能够理解的，不是抽象复杂的一句话。只有这样才能真正实现课堂提问的意义，促进学生的发展。例如，教师在讲授《小蝌蚪找妈妈》这篇课文的时候，应避免用到生物学上专业性比较强的名词，应该采用浅显的语言来提问。教师问："你们知道自己的妈妈长什么样吗？"对于这个熟悉的问题，学生会不假思索地说出各种答案。教师又问："小蝌蚪的妈妈是谁呢？为什么不认识自己的妈妈呢？"在学生的讨论中进入到课文的学习，学生就能在理解的基础上提高对相关知识的兴趣，进而能够更好地投入到新知识的学习中。

（三）教师的提问要有针对性

教师的教学目标是要实现全体学生的共同发展，而不是只注重个别学生的发展。这就需要教师在课堂提问的时候，也能针对全体学生进行提问，关注提问的效果。在提问过程中，教师可以有针对性地抽问，重点对一些性格内向的学生进行提问，学生回答完，要真诚地对答案加以点评，增加学生下次回答问题的信心。例如，教师在讲授《乌鸦喝水》这篇课文的时候，在课堂提问环节，就应该有针对性地进行设问。教师提问："有没有同学知道乌鸦是怎么喝水的？"学生给出各种答案，教师请个别学生回答。教师继续追问："那么，你们知道怎样才能喝到长颈瓶子里的半瓶水呢？"学生众说纷纭后都有了自己的答案，教师再分别请不同的学生单独回答这个问题，实现有针对性的提问。由此，使课堂提问能够尽可能让每个学生都能参与，促进全体学生的发展。

四、课堂教学有效提问策略

首先要明确为什么要进行语文课堂提问？课堂提问有很强的可操作性，优质的课堂提问可以更好地了解学生的学习困难，检验学生对学习重点和难点的掌握程度，从通过教师与学生的问答互动中来帮助学生进行知识点的学习，引发学生自主思考，拓展学生思维，提升注意力，培养学生兴趣，树立自信心等。

如何使课堂提问更有效？在语文课堂教学过程中，课堂提问要从以下方面入手。

（一）控制"度"，化难为易

语文是丰富多彩的，课堂是复杂多变的，这就要求我们应预设课堂提问。预设课堂提问是备课过程的重要组成部分，其预设的有效性主要取决于提问的目标和内容，首先，预设问题的目标应该明确，要充分考虑学生的身心发展水平，要有利于全体学生主动参与，并且发展学生的思维水平；其次，预设问题的内容应该有效，预设的问题要与学科教学目标直接相关，突出和强化教学的重点和难点，且预设的问题要具有开放性、挑战性和启发性，提问力求表述清楚、翔实、准确，切忌笼统、含混不清、模棱两可；要让学生感到所提出的问题既不是高不可攀，又不能唾手可得；对一些繁难复杂的问题，可转化为一系列小问题、浅问题，或以旧探新，或铺路搭桥，或触类旁通，以平缓坡度，化难为易，在解决一个个小问题的基础上深入到问题的中心。这样即能真正把课堂还给学生，让他们成为课堂的主人，学生只有通过自己的思维劳动取得成果，才会感到由衷的喜悦，才会进一步激发学习的积极性和主动性，培养分析问题、解决问题的能力。例如，教学《鸟的天堂》一课时，对文本中描写鸟和榕树的句子，学生很容易找到，如果将问题设计为："文中描写鸟和榕树的句子有哪些？"学生会很快答出，问题没有难度，没有了思考的空间，也就体会不到成功的快乐，无法调动学生的积极性，更谈不上培养能力，那么稍做改动，变为"课文写出了这里的鸟和榕树有什么特点？从文中画出相关的句子"。在思考时就要先想一想哪些句子是描写鸟和榕树特点的，然后才能思考下一步如何作答。这样的提问能给学生一定的思考空间，培养学生的审题能力、分析能力及表达能力，这样的课堂提问势必会收到良好的教学效果。

（二）把握"量"，循序渐进

语文课的内容多而杂，要在45分钟内让学生理解消化，作为引线作用的提问，就要注意处理好"量"的问题。过去不少课堂是一问到底，表面上显得热热闹闹、气氛活跃，而实质上收效甚微、误人误己。要避免这种误区，就要问得适时，问得巧妙，问得有趣，问得有价值，真正体现学生的主体地位和教师的点拨作用。一节好的语文课单靠一两个提问当然不能解决问题，提得过多过繁又会让学生有被老师牵着鼻子走的感觉，因此，教师应该根据教材特点和学生实际，设计出一系列有计划、有步骤、既科学又系统的提问，做到有的放矢，逐步引导学生向思维的纵深发展。适时、适量、富于技巧性的提问能培养学生思维和各种综合能力，极大地提高教学效果。《鸟的天堂》一课教学中，可设计以下问题："鸟的天堂是什么意思？为什么课文里几次提到了鸟的天堂，有的加了引号，有的没有加呢？第二次去鸟的天堂看到的景色与第一次为什么不同？什么原因使这颗榕树成为鸟的天堂？"在这样的诱导下，一般学生都会认真阅读，积极思考，考虑怎样把自己的理解归纳总结，并清楚地表达出来。抓住文题牵一发而动全身，问题明了而思路清晰，由浅入深，有的放矢，学生完全可以顺着课题这一线索，把握整篇文章的内容、主旨及写作方法，收到预期效果。其实教师在备课时只要认真挖掘教材，吃透教材的精髓，精心设计有效问题，力争做到少而精，就能让自己教得轻松，学生学得快乐，获得良好教学效果。

（三）讲究"法"，面向全体

课堂教学要面向全体，全方位兼顾。为实现有效课堂提问，教师在设计课堂教学问题时，应该针对具体问题具体学生类群设计具体的提问分配方式，设计不同层次的问题，由简到繁，由易到难，这样才能真正做到因材施教。我们认为，合理分配答问对象这种技巧的关键点有三：针对不同层次的学生，采用不同的提问方式，变换不同的角度，一是支持一些学业失败者；二是鼓励那些尝试回答者；三是重视学业成功者所做出的贡献。

让每位学生在课堂上都能找到自信，充分自如地展现自己。如教授《鸟的天堂》一课，就可以运用教学生活化，针对不同层次的学生提出不同的问题，如："作者见过不少榕树，都能称为鸟的天堂吗？""作者是按什么样的顺序来写这篇文章的？""作者几次经过鸟的天堂？看到的景象有什么不同？"

整堂课的教学气氛活跃，无论是哪个层次的学生都有话可说，都有表现的机会。收获成就感的同时，也会激发更高的欲望，当他们的表达欲望，表现欲望都被激发，我们的教学就达到了目的。提问要得法，还必须利用学生的好奇心，激发学习兴趣。提问的内容要新颖别致，对学生熟知的内容，要注意变换角度，使之有新鲜感，这样就能激起他们积极思考，踊跃发言。提问的形式要不断变化，如整堂课采用形式单一的提问，就会使学生感到乏味，造成学习上的"疲倦"，从而使教学的效率下降，甚至趋向无效。另外，提问的时机对学生的创造性思维有着极其重要的影响，若时机错误则可能导致学生思维阻塞，启而不发。教师在设计提问问题时，建议在以下三个方面进行问题设计：①"为什么"引导学生去思考？为什么会这样？②在新旧知识有关联的地方设置问题，一方面引导学生进行旧知识的回顾，加深印象，另一方面可以启发学生转折性思维。③在重点教学内容的地方设置问题，让学生可以更深刻地记忆教学要点内容。

（四）动以"情"，因势利导

良好的课堂气氛是完成教学的有利条件，平等融洽的师生关系是营造课堂气氛的关键，提问又是课堂气氛调控的最佳手段。有效的课堂提问还少不了教师"动之以情"。教师在活动中，应注意自己语言措辞及语气语态，要有一种亲和力，拉近与学生心灵的距离，这样才能同学生进行平等的思想交流；学生也才会抛弃思想顾虑，走进老师的思维中。老师提问的措辞及语气要恰到好处，很多时候在提出问题时可以说"你知道吗？你想说吗？谁来告诉我？谁愿意告诉大家你的想法？"看似很随意的几个字，听起来却特别亲切，不给学生高高在上的感觉，而成为学生的朋友，这样才能让学生乐于走近教师，乐于倾听，乐于表达，最终达到乐于共同探讨的目的，踏上探求知识之旅。

只有恰当的提问才能促进教与学，有效的课堂提问可以激发学生的兴趣，挖掘学生的潜能，作为语文教师，需要把学生作为课堂主题，尊重学生的想法，使学生学会思考，通过不断改进提问方法，调动学生兴趣、提高学生的逻辑思维能力和思辨能力，进一步培养他们的学习能力，从而达成学生从被动学习到主动学习思考的转变，达到真正的教学目的。巧妙运用课堂提问的艺术，是提高语文课教学质量的有效手段。语文课堂的有效提问要着重从两个方面入手：一是要围绕教学目标，设计有效的提问。教师必须紧紧围绕教学目标，并针对教学的重点和难点而进行课堂提问的精心设计，厘清每一节课的主要教学任务，明确哪些知识点需要做提问设计、哪些知识点需要直接进行复习巩固或告知、哪些知识点仅需要做出提示；思考针对不同类型的知识点如何进行最适宜的问题预设、应该采取什么内容和方式引入问题；预估针对预设提问学生可能会做出的不同回应和反馈，设计根据不同的反馈所需要进行的启发引导方法；分析运用不同的问题或启发方式所要达到的目标是要发展学生哪方面的能力和品质等。例如《江雪》一诗的教学，教师可以紧紧围绕"体会诗的意境和作者的思想感情""理解重点词句，理解全诗意思"为教学目标和教学重点，抓住"独"这一诗眼，首先提问："你从这首诗中读到怎样的画面？"启发学生思考和总结对于本诗的初步印象和理解，激发学生的学习兴趣，为做进一步的详细探究打好基础；再用"径"字发问："我们之前在'远上寒山石径斜'中学过'径'指的是什么意思？""《江雪》这首诗中'万径人踪灭'中的'径'是什么意思？""你认为'万径人踪灭'一句中用得最传神的字是哪个？这句话描写的是怎样的场景？""通过'千山鸟飞绝'的'绝'字和'灭'字，你感受到的是什么？"等问题，聚焦重点，引导学生在朗读、分析和感悟中掌握"径""千山""蓑笠翁"等重点词汇和诗句含义的基础上，通过想象和画面的诗意描绘去感受"独"的诗歌意境，并结合作者当时的背景深刻体会作者所表达的思想感情。二是立足课程教学内容，设计合理的提问方法。只有善于提问，精于提问，才能收到良好的教学效果。课堂教学提问是一种教学艺术，其内涵丰富，绝不是上述两个方面所能概括的，有效的提问还应具有梯度和连续性，以前后连贯，逐层深入；提问也需要有一定的生成性，以留足空间，促进探索；提问还需要有一定的亮度，以一种新鲜的姿态呈现，吸引学生兴趣，并促进学生的创造性发展等。因此作为一名小学语文教师，对于课堂提问的艺术和技巧，需要不断地研究和总结，才能更好地掌握"提问"并运用自如，进而更好地提高课堂教学的效率和质量。

第四节 自主学习课堂的构建

一、关注学生学习体验

传统的小学数学教育还比较注重让学生掌握基础知识，停留在"以教师、教材、课堂为教学三中心"的层次上，过于注重教学结果，忽视了学生学习的过程，缺乏给学生自主探究动手操作的机会，让学生获得的往往是书本的间接经验而没有"再创造"的体验。《2011年版数学课程标准》中指出："课程内容的选择要贴近学生的实际,有利于学生体验与理解、思考与探索。课程内容的组织要重视过程,处理好过程与结果的关系;要重视直观,处理好直观与抽象的关系。""数学课程目标包括过程目标,过程目标使用经历、体验、探索等术语表述。"这个过程性目标实际上是让学生经历发现知识、获取知识的整个过程,获得良好体验。让学生亲身体验知识的发生、发展过程,亲身经历一个分析比较、判断推理、抽象概括的思维过程,这是衡量我们教学效果的重要标志之一。正如皮亚杰所说:"在逻辑数学领域,儿童只对那种他亲身创造的事物才有真正的理解。"小学数学是学生接触数学的开端,因此教师在进行数学教学时应关注学生的情感体验和学习体验,注意教学内容与学生生活的紧密联系,让学生在生活的情境中感受、体会、理解数学,并学会用所学的知识来解决实际问题。分数的意义对于学生来说是一个比较抽象的概念,而小学阶段学生的思维特点还处于一个由具体形象思维向抽象思维转变的阶段,且以具体形象思维为主。因此,教师如何通过运用直观教具和学具,引导学生从具体的实例中逐步归纳出分数的意义是本课教学所要解决的关键问题。老师在课堂中通过"画一画"的环节,把学生引入教学活动,提高了学生的参与度,增强了学生自主学习的体验,让学生在通过画一画并想一想后,能主动去思考问题,注重引导学生实现了从把单个物体看成一个整体到把一些物体看成一个整体的思维跨越。在整个教学过程中,教师既注意到不生搬硬套概念,又关注了数学学习与生活实际的联系,以提升学生的数学思维为核心,引导学生在动手实践、自主探究与合作交流中去体会课堂教学充满童趣的想象和精彩。充分关注学生的学习体验,能让人人学到"有价值的数学",让学生在自主思考探究中体验学习的乐趣进而来提高学生的思维发展与解决问题的能力。

在关注学生学习体验的同时,教师也要注意以下几个问题:其一,要避免问题情境的设置不当。有些教师过分注重教学内容与学生生活紧密相连,设置情景过于生活化,情境设置只是为了需要情境而设置,没有突出教学目标及教学重难点,而这样的情境设置不但不会促进学生学习,还会影响教学效果,降低教学效率。其二,避免学生合作过于形式化。为了关注学生数学学习的体验,教师一般会让学生进行小组合作讨论,但并非所有的教学内容都适合运用合作讨论,要注意运用合作讨论的时机,同时也要注意合作讨论时,教师要给学生充足的合作讨论时间。

二、注重课堂教学艺术

所谓教学艺术,是指教师娴熟地运用综合的教学技能技巧,按照教学规律和美的规律进行的独创性教学实践活动。通俗地讲，就是教得巧妙教得有效、教出美感、教出特点。随着新课改的推进，"以人为本""以学定教"的思想越来越受到重视，课堂教学改革亦日益受到重视，注重教师的课堂教学艺术也成了众多一线教师的必修之课。课堂教学艺术是课堂教学改革发展的一定产物，是优秀教师的必修课。良好的课堂教学艺术能塑造一个轻松和谐的氛围，能激发学生的学习动机，引导学生自主学习、自主思考。由于数学课程学起来相对枯燥、抽象，学生在学习时会不由自主地出现逃避或厌学等情绪，在数学课堂上，注重教师的课堂教学艺术则更加必要。数学课堂教学艺术是指教师遵循数学教学规律和美的规律，以富有审美价值的独特的方式方法，创造性地组织教学，使"教"与"学"双边活动协调进行，使学生能积极、高效地学习，并感受数学美和教学美的精湛的教学技巧。课堂教学艺术主要包括语言、提问、导入、结束、板书、留白、幽默等艺术形式。其中，提问、语言、导入及结束是较重要的四种课堂教学艺术形式。其一，语言艺术。语言艺术主要体现在教师在课堂上如何评价学生、如何用语言来引导学生以及如何用简单精练的语言让学生了解所学。小学阶段的学生，语言掌握还不够完全，因此教师在教学时，要注意把握语言用词的准确性及恰当性，不能过于烦琐或书面化，尽可能用最简单的词汇、最精练的话语让学生明白你所表达的意思，从而让他们更容易了解和掌握所学知识；在课堂教学中，学生表现优秀的时候，教师不必吝啬自己赞扬的语言，可以通过恰当的语言给予他们适时的表扬，从而来激起他们的学习积极性，让他们得到自我肯定。其二，提问艺术。学起于思，思起于疑，而要想解决疑问，提出问题则是前提。苏格拉底的"产婆术"即通过不断地设问及追问，让学生自己发现答案，因此，教师在课堂上有目的地进行有效的设问与及时的追问，让学生经历生疑、质疑、解疑等循环过程，能有效促进学生思维的不断发展。老师在课堂教学中巧妙地提问，"可以怎样画？""还有不同的画法吗？""判断这些图形是否符合要求，关键看什么？"，由浅到深的有效设问，不仅使学生产生学习兴趣和动力，诱发学生进一步的积极思维活动，也体现了教师的教学艺术。其三，导入艺术。一个精彩的导入环节是呈现一堂优质课程的开端，教师主要用的导入形式有情境导入法、直接导入法、回顾旧知法等，而不同形式的导入方法要根据不同类型的课程以及不同阶段的学生特点来进行选择，如在新授课时，在小学阶段，教师往往可以选择情境导入法，去选择学生感兴趣的话题进行导入，从而引起学生的学习兴趣，让学生对新知的教授更感兴趣也更主动；在中学阶段，教师则可以选择直接导入法，开门见山地向学生传授新知。在本堂课中，老师采取的则是回顾旧知的导入法，通过5分钟回顾三年级上册"分数的认识"等知识，从而让学生重现有关分数的知识记忆，加强新旧知识的联系。其四，结束艺术。恰到好处的结课艺术也是一堂优秀课程的体现之一，往往结课的形式有直接总结式和设问式。不同的结课形式可以根据课程内容、教师的教学习惯来选择，但无论哪个形式，每节课的结束必不可少，且不能匆忙结尾，要艺术性地结束课程，引导学生更深层地巩固所学或思考下节课要学的知识。

三、引导学生自主学习

随着"以人为本"与终身学习思想的发展，学生的主体地位越来越得到重视，教师的地位也从课堂主体向课堂主导转化，教师的作用也从传授向引导转变。再者，小学阶段是学生学习的基础阶段，是培养学生学习习惯的重要时期。因此，在课堂教学中，教师引导学生自主学习、自主思考，锻炼学生自主学习能力是很有必要的。教师在引导学生自主学习的前提有以下几点：其一是教师得转变以书本知识为本位、以教师为中心的传统教学思想，要改变传统的师生关系，建立新型平等的师生关系；其二是在引导学生的前提下，要遵循学生的发展规律，充分了解学生每个阶段的心理与认知特点，因材施教，注重学生的个体差异，考虑学生的最近发展区；其三是在引导学生自主学习的基础上，要培养学生的创新意识。21世纪是科技飞速发展的时期，随着2016年中国学生发展核心素养的发布，创新意识更成了培养学生的一个核心着力点。学习的过程并非是单单接受知识的过程，而更应该是将所学知识经过自己的加工，学会创造性地使用知识并能动地运用到实际之中。教师如何引导学生自主学习，可从以下几个方面进行思考：

第一，课前准备，联结新旧知识。《数学课程标准》中指出：数学教育应该"在学生的认知发展水平和已有的知识经验基础之上"，教师要引导学生自主学习就要先帮助学生搭好走向新知的桥梁，教师需要充分熟悉教材，并对各年级教材的内容进行归纳总结，要在新授时帮助学生回忆其曾学过的知识，从而建立新旧经验的联结。

第二，加强合作学习，培养合作意识。课标中谈到"帮助学生在自主探索和合作交流中真正理解和掌握基本的数学知识与技能、数学思想和方法"，因此，教师在课堂教学中要多开展合作学习模式，加强学生的小组合作，培养他们的合作意识。因为学习者只有通过学会与他人合作，才能更好地自主学习。再者，当老师不在身边时，若学生遇到问题，同伴群体亦将是很好的帮助者。

第三，"数学应源于生活，回归生活"。要想引导学生的自主学习能力，则学习材料需要引起学生的兴趣，毕竟，兴趣是最好的老师。因此，教师在教学中要尽可能地将课本知识与学生的生活实际相联系，让学生学会从生活中去发现问题，学习知识，最后再将所学知识回归到解决生活实际问题中去。在本堂课中，老师在教学中能注重教学的开放性和思考性，教学设计中的"画一画""谈一谈"等环节都让学生有自主选择的权利和广阔的思维空间，通过有层次的有效设问，通过比较一个物体，一个图形，一个整体等的认识，使学生理解单位"1"不仅可以表示一个东西，一个计量单位，也可以表示一个整体的含义。同时，Z老师还在参与学生讨论的基础上引导学生一步步地概括出分数的意义，并通过最后读课本上的定义使学生更加明确分数的意义和性质，加强学生的记忆，让学生更深刻地记住所学的新知。

分数的意义和性质是较抽象的数学知识，在面对小学阶段的学生时，要如何将抽象的知识让学生更轻松更好地去理解和掌握，教师关注学生的学习体验是前提，只有放开手让学生去实践，让他们在实践中实现知识的"再创造"体验，才能更容易让学生接受；其次，加强课堂教学艺术是关键，一堂精彩的课除了学生的尽力配合外，教师的教学艺术亦是出彩点；最后，引导学生自主学习是课程开设的最终目标。只有掌握了自主学习的能力，学生才能去更好地发展其他方面的才能，最终才能实现人的全面发展。

第五节 复习课的要义与策略

复习课是学校教学活动的一个重要环节，也是学生掌握知识不可缺少的重要步骤。复习课并非对已有教学内容的简单重复。有效的复习课，对于学生来说，能让每个学生在教师的指导下，准确熟练地掌握已学知识，提高学习效率，加深理解，灵活运用，形成知识体系，增强综合应用能力，发展思维能力，达到融会贯通、精练概括、牢固掌握的目的。就教师而言，能使教师弥补教学中的不足，提高教学质量也是不可缺少的环节。数学是一门系统性、逻辑性很强的学科，同时也是一门内容丰富、应用广泛的基础课程。在教学过程中，为了使学生能够巩固和提高自己所学过的基础知识和基本技能，锻炼学生的逻辑思维，复习课显得尤为重要。

一、正视复习课教学中的问题

对于复习课，部分教师对于复习课的性质与内涵认识不足，其主要体现在以下几个方面：其一是教师缺乏复习课教学的课型意识。复习课不同于新授课，更不同于练习课，它不仅是对旧知的简单重复再现和机械的练习重复，更多的应是对知识的巩固梳理、系统化和方法的提升。而有的教师认为复习课只是重复教学的过程,把复习课上成作业课,让学生练习完成教材上编写的习题或与教材配套的"同步训练"习题,认为复习课就是让学生会解几道题目就可以了;有的教师则将复习课理解为考试课,认为只要学生会做题了,就能培养学生的解题能力了;有的教师则考虑到那些学习能力相对较差的学生,将教学内容重复讲一遍。如此的复习课教学,不利于发挥学生学习的主动性,激发学生学习的潜能,也不利于提高学生发现问题、分析问题、解决问题的能力。其二是课堂气氛沉闷,学生参与度不够。教育家苏霍姆林斯基曾告诫我们:希望你们要警惕,在课堂上不要总是教师在讲,这种做法不好……让学生通过自己的努力去理解的东西,才能成为自己的东西,才是他真正掌握的东西。而在复习课中,我们常见的还是教师在台上"口若悬河、谆谆教导",学生在下面"奋笔疾书、听之藐藐",学生的主体地位没有在根本上得到改变,教师在复习课上过于发挥了主导作用,给学生独立思考的时间较少,采用传统单一的"灌输讲解式"即"教师复习基础知识→学生解题→教师点评→学生整理"的复习教学模式很难满足各层次学生的需求,复习教学效率低下。同时,课堂气氛较沉闷,学生参与呈现两极分化现象严重。成绩优异的学生很容易跟上教学节奏,参与度较高;而另一部分成绩中下游的学生则难以跟上课堂教学节奏,即使复习课的教学点都是旧知,但这部分学生连基本概念、方法都没清楚地掌握,更别说将旧知系统化、深层化。复习课安排不当,效率不高,学生容易产生厌烦情绪,同时,教师也疲惫不堪。

(一)复习课的特点

课是有时间限制的、有组织的教学过程的单位,其作用在于达到一个完整的、然而又是局部性的教学目的。复习课就是对已学过的知识技能进行巩固梳理,发现知识间的逻辑关系,使知识系统化,提高学生解决实际问题能力、举一反三的一种课型。与新授课相比而言,教学任务的不同致使复习课呈现如下特征:

1. 知识的归纳整理

无论何种科目的复习课教学,教师都要帮助、引导学生将所学的相关知识进行归纳、梳理,进行纵、横向的整合,进而做知识的强化与整体综合训练,形成结构化、系统化的知识。

2. 知识的迁移训练

作为一种基本课型,复习课不同于新授课的探索发现,也有别于练习课的巩固应用,它承载着"回顾与整理、沟通与生长"的独特功能,在整个教学活动中处于承前启后的重要一环。复习并不等于简单的知识点重复学习，它最终目的在于培养和提高学生梳理归纳知识、运用知识解决问题的能力。在复习过程中，注重加强学生对知识的迁移训练，培养学生举一反三、触类旁通、解决实际问题的能力。

（二）复习课的教学原则

1. 自主性原则

在复习课的教学过程中，教师应注重充分发挥学生学习的自主性，也就是说要让学生积极、主动参与复习，特别是要让学生学会归纳、整理，不要用教师的归纳代替学生的整理。引导学生梳理知识、寻找规律、判断正误，激发学生学习的兴趣、积极性和主动性。

2. 针对性原则

在复习课的教学过程中，教师应突出重点，有针对性，做到有的放矢，对症下药，注重实效。尤其要发现学生的薄弱之处，对此因材施教，针对个别学生存在的问题，紧扣知识的易混点、易错点设计复习内容。

3. 系统性原则

在复习课的教学过程中，教师应根据知识间的脉络联系，系统规划复习课的教学内容，使学生所学的零散知识点系统化。

二、重视复习课教学设计

复习课教学不是新课教学的简单重复。根据观察，我们可以看到，在中小学课堂教学实践中，很多时候很多教师注重新课教学设计而忽视复习课教学设计。教学设计是教师根据学生的认知发展水平和课程培养目标，制定具体教学目标，选择教学内容设计教学各个环节的过程。其实，复习课也应是教学设计中的一个重要组成部分和环节。新课教学是现象到本质的探讨与发现过程，教师注重学生在这一学习过程中的体验，而复习课教学是本质预测现象，从所学新知规律探究应用的过程，注重学生的知识迁移能力与实际应用能力。复习课不仅局限于对旧知的回顾，还要在原有学习知识的基础上有所提升，巩固和加深已学知识，并对所学知识进行系统整理、归纳，使之内化到学生原有知识结构之中。教师通过分析讲解例题，培养学生综合运用知识的能力。那么，如何做好复习课教学设计，主要考虑以下几个方面：一是从学习目标来看，学习目标是师生经过教学后预期要达到的结果或标准，是学习者通过学习后预期产生的行为变化。合理的目标对复习课来说，起着导向、激励、调节和评价的作用，可以唤起学生的重视和兴趣。因此，在复习课的教学设计中，教师要在透彻理解课程标准的前提下，明确复习课学习的总目标和具体目标，设置科学具体的学习目标，并用通俗易懂的话语表述，让学生一看就能明白自己要学习什么，应达到何种标准以及如何达到等。显然，案例中该生不正确的作业结果反映出学生对其学习目标理解并不清晰，致使其学习目标并未实现。二是从学习内容来看，相对于新授课来说，复习课的学习内容缺少一定的新鲜感，所教知识都是旧知，复习课的关键则在于检验学生对这些零散知识点的掌握情况，并在此基础上对旧知进行系统归纳，使学生能够通过新旧知识之间的纵向比较和邻近知识之间的横向比较，加深对知识的理解程度，使学生构建完整的认知结构，做到举一反三，提高学生的解决问题能力。这节复习课重点的内容是学生通过学习"有理数大小的比较"，理解"正数大于一切负数""两个负数，绝对值大的反而小""在以向右为正方向的数轴上的两点，右边的点表示的数比左边的点表示的数大"的含义，并通过作业练习呈现其学习效果。从这位同学课堂作业的结果可以看到她对学习内容没有真正地理解和掌握。三是从学习难点来看，初中数学课程学习是学生数学思维训练的基本途径，所谓数学思维能力，就是通过教学活动，教师有效引导学生用数学的观点去思考问题，同时，关注学生知识与技能的理解和掌握。但是，很多时候，由于课堂教学的现实复杂性导致教师很难具体关注到每个学生在课堂学习中是否真正掌握了学习难点。所以，即使是复习课，老师也很难注意到每个学生作业反馈过程中对学习难点掌握的实际情况。四是从学习效果来看，表面上，这位同学在课堂上能随着教学进度正常学习和复习，但一旦遇到考试或课程检验，就很容易出错。即使在我当时两次指出这位学生错题结果后试图引导她改正，但她依然没有看到自己错在哪里，这就是为什么我们常常听到学生家长和老师对有些学生评价时所说的"这个学生平时学习很认真，看不出什么问题，怎么一到考试就效果不好"的原因了。

三、注重复习课教学策略

复习课是中小学课堂教学中常见的课型。有效的复习课教学策略，能使学生巩固基础知识、加深对知识理解的深度，形成良好的认知结构，同时还可以帮助学生对阶段学习查漏补缺，巩固提高。主要方法：一是引导学生反思，培养问题意识。问题反思是培养问题意识的基础，反思是学生对所学知识的一种更深层次的学习过程。数学复习课的内容不同于新授课，教师应该问在重点处，释在疑点处，答在要害处，启在不确定处。我们要构建"反思"型课堂，即复习课中，教师引导学生归纳其中解决问题时用到的知识、方法和思路，以及解题的基本步骤和书写格式，引导学生反思、归纳和揭示复习题中隐含的规律，达到整理知识，提炼方法，感悟思想，积累解题经验的目的。二是知识梳理，使知识系统化。建构主义认为，学习过程是学习者自我认知结构的组织和重新组织的过程，如果学习者能抓住知识之间的内部联系，将零散知识以其逻辑关系串联起来，学习者就能更为系统、全面地理解、掌握所学知识。而复习课的核心问题就是知识结构的梳理与创建，引导学生将已有的知识储备按相应的标准与原则进行分类、梳理，使知识脉络化、条理化，发现知识间的逻辑关系，将内部存在联系的知识点通过比较与分析，串起来形成知识体系。这样对所学零散知识进行一个处理，有利于知识的保存，有利于准确、快速地提取和迁移，而且还能促使学生迅速地反应和迁移，更有利于提升学生分析问题和解决问题的能力。就比较一组有理数的大小而言，关键的问题是需要学生经过习题练习，在面对比较数的大小的问题时，联想该类习题考查，加深对"右方向为正方向的数轴，右边的数比左边的数大""两个负数，绝对值大的反而小"等知识点的理解，那教师可以先通过思维导图的形式将知识点呈现出来，让学生自己去发现知识点间的联系，再通过习题练习的方式进行巩固。三是评价检测，及时反馈。评价检测不论是对教师的教还是学生的学都起着信息反馈的作用，教师可以通过复习课检测教学成效，反思教学效果，以利于及时改进教学，学生则通过复习课了解自己的学习成果、弥补学习缺陷。复习课上，教师大多采用本案例所使用的复习方法，当堂检测，由教师公布正确答案。但是，很多情况下，往往是在学生做完练习后教师讲解，再反问学生"知道了吗？"，学生一般都会不假思索地回答"知道了"，这样，教师很难顾及所有学生，然而，对每个学生而言，是否真正掌握了所复习的内容，也许是另外一回事。学生在黑板上展示练习的同时，如果老师尽可能关注每个学生的练习情况，在发现问题的时候，及时给予指出，或者在学生练习完后，学生自行核对或相互批阅，能及时反馈学生的学习缺陷，及时矫正弥补。

总之，教师应当加强对复习课的重视程度，明确复习课的真正内涵，创新复习课的教学设计，真正做到"温故"并"知新"，提高复习课教学的有效性。

第三章 灵活多变的教学方法的策略

教学有法，但无定法，贵在得法。教师事先预设的教法，只能作为备案走进课堂。因为教师面对的是一个个鲜活的个体，只有根据教学内容的特点、学生知识水平和个性的差异、教师自身的素质与能力以及学校现有的客观条件等选择合适的教学方法，才能保证教学取得最佳的效果。

第一节 低年级学生解决问题的能力培养

一、相关理论

《数学课程标准（实验稿）》指出："初步学会从数学的角度提出问题、理解问题，并能综合运用所学的知识和技能解决问题，发展应用意识。"心理学研究认为，解决问题的过程是学生进行知识建构和智力得到发展的过程。作为一种学习活动，解决问题与学生认知方式的差异有着密切的关系。心理学研究同时也表明，小学低年级学生的认知发展处于具体运算阶段，他们对新知的学习依赖于自己的具体经验，因此接受学习受到很大的限制，只在一定范围内可行。他们没有多少可以同化新内容的知识或经验，有一定的词汇量，但不够丰富。

二、教学策略

在"用数学"到"解决问题"教学内容安排上，低年级的数学教科书中有一系列的变化。而这种变化不仅是称呼上的改变，更是一种解决问题能力的提升。数量关系从单一"增加"或者单一"减少"到"增加"与"减少"同时发生；从同一时空到情景随着时间而改变；从直接解答到间接解答，使问题情境更加真实，拉近了数学知识与现实生活的距离，体现了"数学源于生活"的理念。现实生活中的问题不是静态的，而是动态的，随着时空的转移，问题不断地发生变化。那么，理解事件前后之间的逻辑关系就成了解决问题的关键，同时也提高了思维的层次。复杂的情境对学生的观察能力、表达能力、搜集和分析处理信息的能力都提出了更高的要求，学生要在仔细观察的基础上，发挥想象力及抽象逻辑思维能力，为前后两个情境搭建桥梁，沟通两个情境的内在联系，推理出解决问题的中间条件。在解决问题的过程中，学生的多种能力得到训练、发展，其中搜集、分析信息的能力在此表现得尤为突出。

然而低年级学生由于其认知的局限性，在面对这种复杂情景时，应该如何搜集有用信息、分析数量关系、建立数学模型、选择合理策略解决问题呢？我们不妨采取"动静结合，加强沟通；口述问题，建立模型；反思过程，突显关键"的教学策略，对学生的这些能力进行有意识的培养。

三、教学案例

二年级上册《解决问题》的教学案例：课本呈现小朋友们在公园游玩的情境，若干小朋友划完船后，再去玩碰碰车，提问：

这么多人，要坐几辆车？

图片中文字信息少，情境比较复杂，必须找到不同情境间的联系，才能找到解决问题的关键，这对于低年级的孩子来说是比较困难的。所以，在教学中，我们可以通过以下几个策略更好地突破教学的难点——在复杂的情境中搜集信息、分析处理信息。

（一）动静结合、加强沟通

1. 动态情境，引起注意

利用多媒体将课本中静态的情境图制作成连续发生的动态情境，教师描述："同学们期待已久的春游活动终于来了！你们瞧，他们在公园的湖边租了小船，沿着湖边欣赏着岸上的美丽春色……划完船，他们来到游乐场，决定玩一玩碰碰车。"小朋友们看到牌上写的（课件放大显示：碰碰车每辆坐3人），一个小朋友提出一个问题（课件中小朋友说："我们这么多人，要坐几辆呢？"）。这样，创设一个生动活泼的春游活动，令学生回忆起春游时的愉悦心情，为课堂创设轻松的学习气氛。

以动画的形式将两个情境连接起来，使学生初步感受整件事情的经过，有利于学生发现两个情境的关系，为后面找中间条件、解决问题做好铺垫。

在情境中包含了很多信息，如果将关键的信息和非关键的信息混杂在一起，学生的思维会受到非关键信息的干扰，找不到解决问题的关键。使课本中静态的情境动态化，能让学生一下子就关注到情境中的关键信息——小朋友及其活动，排除了非关键信息的干扰。

2.静态情境，看图质疑

运用多媒体以动画形式完整展示情境，让学生初步感受前后两个活动的关系。由于学生处于被动吸收的学习状态，对情境的理解程度仍处于表层，促成学生自主解决问题的关键是学生能在情境中找到解决问题的关键信息，因此，要将两个情境定格，以静态的形式展现，让学生充分观察，然后才能发现两个情境之间的逻辑关系。

首先，观察第一个情境图，学生充分观察之后，让学生用自己的话描述看到的信息和想到的问题。

其次，观察第二个情境图，着重引导学生讨论问题："我们这么多人，具体是多少人，怎样知道的？"

学生通过仔细观察、思考，会发现在第一个情境图和第二个情境图中间有一个红色箭头，说明这些小朋友先划完船，然后全部来到游乐园，这是两个有逻辑关系的情境，所以坐碰碰车的人数应该与划船的人数同样多。因为用箭头表示情境间过渡的类似例子在前面三册书中出现得比较少，所以此处教师要强调箭头的过渡作用，使学生学会看箭头。

当学生发现两个情境的联系后，教师才设问："那么，从第一个情境找到的信息中，你认为哪些能帮助我们解决最终的问题？为什么？"通过这一设问，让学生对关键信息有了最直接的感受，它能帮助学生解决最终的问题，同时培养学生在复杂情境中提出有价值问题的能力。

通过对静态情境的仔细观察、思考，学生即使脱离动态情境的帮助，仍然能仔细观察情境图，借助情境之间过渡的标志"红色箭头"以及对文字的理解，学会找到情境间的逻辑联系。

（二）口述问题，建立模型

学生在明确了情境间的关系后，由于情境中的大量信息在学生的脑海中是无序的，所以要让学生进行多次口述，理清情境中的有用信息及逻辑关系，把情境问题转化为数学问题，建立数学模型，以达到内化的目的。由于学生语言的局限性，他们在表达的时候容易将两个情景分成两段话进行描述，此时教师要帮助学生重组问题，运用简洁的语言描述数学问题："有6条船，每条船坐4人，这么多人去玩碰碰车，每辆坐3人，要坐几辆呢？"在这里体现了语言文字对于数学逻辑表达的重要作用，使学生一下子明白，原来像这样的情境可以用"这么多人"来代替，并找到两个情境图之间的联系就是"总人数不变"。在以后的学习中，当碰到类似的问题时，学生就会将这一学习方法迁移到新问题的学习中。

（三）过程反思，突显关键

荷兰著名学者弗赖登塔尔（H.Freudenthal）强调：反思是数学的重要活动，它是数学活动的核心和动力。反思是从一个新的角度，多层次、多角度地对问题的思维过程进行全面的考察、分析和思考。通过对解决问题的反思，可以加深对问题的理解并获得解决问题的经验。

所以当学生顺利解决问题之后，不能仅仅满足于解题的结果，要将学生的注意力重新引向过程。要有意识地引导学生关注两个方面：一是如何筛选关键信息；二是回忆解题的思路。

1. 培养学生筛选信息的能力

学生在解决问题时，要综合运用观察、搜集、分析、筛选、推理等各种能力，其中筛选关键信息的能力是在这一学段着重培养的能力之一。因此，在学生解决问题之后，就要设问："刚才我们从图中观察到很多的信息，但是哪些信息对我们解决问题最有帮助？"学生开始对各种信息进行分析、筛选，并选出关键信息。然后进行追问："我们刚才花费了那么多的时间去观察、寻找信息，但其中却包含了很多无关的信息。我们怎样做才能很快就找到关键信息，并解决问题呢？"学生思考，并得出结论："应该先看看问题是什么，再去找和问题有关的信息。"

2. 回忆过程，提升思维

我们知道，成年人在面对复杂的实际问题情境时，首先考虑到的是问题是什么，接着考虑到的是解决问题的步骤如何，最后才考虑采取什么策略、运用什么信息来解决问题？而孩子们的思维却不是这样的，他们更善于从已经给出的信息中一步一步地迈向最终问题，这个过程充满了各种可能性，因此解决问题的过程可以说是比较低效的。因此在平时的教学中，我们应该有意识地把这种从问题出发的思维习惯慢慢地渗透到每一节课里，使学生的思维得到逐步提升。

在顺利解决问题之后，引导学生看问题："这么多人要坐几辆碰碰车？"并质疑："要解决这个问题，我们要知道什么？"学生思考后回答："要知道一共有多少人？每辆碰碰车坐几人？"追问："那么一共有多少人，题目直接告诉我们了吗？"学生给出否定答案，教师："所以，我们要先知道一共有多少人，才能解决最后的问题。"通过这种设问，将分析法的思考模式逐渐渗透到课堂中，学生逐步形成这种思维模式，为今后解决问题提供了更多思考的途径。

四、教学反思

数学的产生源于生活中要解决实际问题的需求,这是数学具有实用价值的一个具体体现,因此"解决问题"是数学学习的核心内容。长期以来,在旧教材中,人们以应用题的形式来学习如何解决问题,但实践证明,这一教学形式并没有很好地提高学生解决实际问题的能力,原因在于"应用题"将信息高度提炼,学生只需分析条件间的数量关系便能解决问题。但实际生活中的问题并不像题目描述的那么单纯,它包含了繁杂的信息,需要学生从繁杂的信息中筛选有用的信息、分析信息间的关系、建立数学模型、找解题策略,最后才能解决问题。

新教材以图文并茂的形式呈现问题情境,大部分情境取材于学生喜闻乐见的事实,其目的在于使数学知识尽可能贴近现实生活,通过教学,使"人人都能获得必需的数学知识"。在这样的情境图下,学生如同置身于活生生的画面当中,唤起了原有的生活经验,激发了学习的兴趣,提高了学习的自主性。

但是因为图片本身的属性,也给问题情境带来了繁杂的信息,因此学生要具备在情境中搜集、筛选、分析信息的能力,然后才能发现问题、提出问题、解决问题。也只有通过这样的学习,学生才能将生活中的问题抽象为数学模型,应用数学知识去解决问题。而搜集、筛选、分析信息能力是在读图能力的基础上发展起来的,作为低年级的教师,首要的任务是要让学生学会读图。所以我们采取了一些相关的教学策略:如动静结合,加强沟通;口述问题,建立模型;反思过程,突显关键等。不管是动态还是静态情境都是基于学生的观察能力;而口述则让学生从具体形象思维转到抽象逻辑思维,主动建构数学模型;最后的反思则是将学习的方法进行内化,最终达到迁移的目的。

第二节 点读技术支持下的合作学习新模式

一、相关理论

心理学家特瑞奇勤(Trechler)在关于感官与学习的关系研究中发现,通过视觉、听觉、嗅觉、触觉、味觉而获得的知识分别是83%、11%、3.5%、1.5%、1.0%。也就是说,人们通过听觉和视觉获取的知识高达94%。听觉和视觉也是人们语言学习最重要的两个途径,在教学中应当调动学生的一切感官,特别是视觉和听觉,视听结合是最好的教学手段,因此,教师应兼用形象与声音来呈现教学内容。

　　教学手段是指师生在教学中相互传递信息的工具、媒体或设备。因此，我们应当重视教学手段现代化的理论研究与实际运用，特别是在实践上如何卓有成效地推进教学手段的现代化进程方面。随着科学技术的发展，教学手段经历了口头语言、文字和书籍、印刷教材、电子视听设备和多媒体网络技术等五个使用阶段。现代化教学手段是与传统教学手段相对而言的。传统教学手段主要指一本教科书、一支粉笔、一块黑板、几幅历史挂图等，而现代化教学手段是指各种电化教育器材和教材，即把幻灯机、投影仪、录音机、录像机、电视机、电影机、VCD机、DVD机、计算机、白板及点读机等搬入课堂，这些也称为多媒体教学。由于现代化教学手段在教学中具有时间与空间适应性强的特点，因此它的出现对教育产生了深刻的影响：①引起教师与学生的教学行为的变化，把传统的教师—学生教学系统，发展成为教师—教学机器—学生的新型教学系统。②提高了教育、教学的质量，降低了教育成本，增进了教育的效率。由此可见，教学手段现代化是一种历史的必然，它对促进教育现代化具有重要的作用。

二、巧妙使用教学手段的策略

　　英语是用来交流信息的语言工具，小学英语作为语言学习的初级阶段，其中的说、读能力的培养正是我们小学英语教学活动中一个非常重要的环节，它直接影响到学生学习英语的兴趣和信心，甚至影响到学生英语学习的长远发展。在教学中我们必须充分考虑到学生学习英语的不同风格和方法，并采取灵活多变的教学手段来使自己的教与学生的学尽可能地协调和统一。只有这样，才能提高教学质量，才能提高学习者的语言学习效率。不难看出，读在日常的英语课堂教学活动中甚至学生平常的家庭作业中，都有着相当的、至关重要的地位。但是，不同的人学习英语的能力也有不同。模仿能力强的学生课堂上跟读几遍就可以自己读了，而能力弱的学生在课堂读不熟，回家很快又忘了。同时，学生在课后的学习方法也不尽相同。我们利用家长会的契机对学生的英语学习情况进行了摸底，结果显示学生对于英语学习的主动性参差不齐。我们把学生按照学习能力分为A、B、C三个不同的层次进行对比研究。A层次的家长对于孩子的英语学习普遍比较重视，孩子学习英语的主动性也很好，在家能够主动地进行英语学习。B、C层次的孩子英语学习的主动性较差，特别是C层次的孩子，在家极少主动地学习英语，家长对于孩子的英语学习也关注得非常少。作为老师，我们在教学上该怎么办呢？点读机及点读技术在教学上的巧妙运用帮助我们解决了这一难题，大大提高了教学质量。

三、教学案例

在英语教学中通过对点读技术的应用，创建了家校互动的英语合作学习新模式，提高了学生的自主学习能力。

（一）多种点读方法，引发学习兴趣

在第一次使用点读机上课时，笔者精心设计了"Time for school"这单元。首先要求学生通过点读机来学习UNIT4的部分单词，然后换角色教授学生朗读。这一活动使学生的积极性被大大地调动起来。学生们很认真地使用着点读机来朗读单词，这要比老师上课教授单词认真得多。在预习完单词后，学生们争先恐后地抢着做小老师来朗读单词，最让我意外的是这个班里一位英语成绩一直不是很好、上课容易走神的同学也开始举手发言，于是我请他来做小老师，看他那股带领大家朗读单词的认真劲，我由衷地感受到点读机的魅力。

学生喜欢利用点读机来学习单词的发音以及课文的语音语调，尤其是跟读对比功能的使用，使一些平时发音不是很准确的孩子，能对比自己和点读机的发音进行自我矫正，大大提高了发音的准确性。这给他们带来了成就感和自信心，无论口语还是听力的能力都有了很大的提高。这一不同的教学模式激发了学生学习英语的兴趣，也帮助学生建立了学习英语的成就感和自信心。

（二）巧妙利用点读功能，提高课堂实效

由于以前没有接触过点读机，主观印象就把录音机和复读机当作良师益友。还有使用的电脑软件，感觉这些机器已经足够孩子们学好英语了，因此在最开始的课堂教学中，不知道如何使用点读机。而且感觉在课堂中引入点读机有些牵强，似乎是为了用点读机而使用点读机，甚至连以往的常规英语课堂教学的模式都有点被打乱，不知道点读机应该在授课的哪个环节被准确地利用，学生的朗读也没能好好地利用点读功能。才刚刚开始进入课堂教学的点读技术，似乎还不能找到自己的位置，我也没有领悟到如何更好地使用点读机。

在接着的课堂教学中，我不断摸索，精心设计教案，充分利用点读技巧来增强学生的听读能力。例如在新授课，让学生使用点读机学习单词以后，进行听读比赛。让孩子们使用点读机学习和复读，帮助他们纠正发音，使他们有了自信，能张口说英语。我们还可以好好利用点读机的复读、跟读对比以及变速的功能学习课文，效果良好，尤其是后进生。

在英语教学活动中，让学生自主使用点读机来朗读没学过的一篇课文《U17Housework》并且表演对话，这篇课文主要是外星人 Alian 对地球上姚业一家的家庭生活的访问，课文是这册书里最长的。虽然谈论的是做家务，但是学生们也比较有兴趣，我让各个小组在组内分配好角色，扮演爸爸妈妈以及爷爷奶奶，力求语气真实、有趣。在一堂课中让学生利用点读机把课文读熟，并且表演出来，对于四年级的学生来说显然比较困难，所以笔者安排了两节课来完成这次活动。第一节课笔者安排学生通过点读机来学习关于家务劳动的动词词组，操练主要句型，使学生能够朗朗上口。同时我适当地加了几个做家务的词组，让孩子们利用点读机面板查字典的功能，学习新的词组。然后在第二课时让他们自主地去跟读课文，不过这次对点读机的使用要更深一层次，不但要读熟并能背诵表演，而且还要将上节课我拓展的新单词替换到课文对话中。起初我有些担心，在没有老师带读课文的情况下，学生是否能够背诵并且表演出来呢？表演之后，我发现我的担忧是多余的。学生的自学能力出乎意料的强，表演也十分具有创造力。通过这次活动，我想今后应多多训练学生英语表演的能力，给学生增加一些课外阅读的故事，让他们通过点读机来学会朗读，然后进行表演，通过点读机这个工具，使学生在今后的英语表演中更上一层楼，能更大胆、更自然、更流利地说出地道的英语。

（三）课外模拟课堂，巩固拓展学习

我们都知道在口语和听力这两方面，学生光利用课堂这十几分钟，产生的学习效果是有限的。尤其是后进生，跟读速度比较慢，课堂教学或多或少会受影响。因此在周五，学生可以将点读机带回家进行充电和学习，根据老师布置的学习要求，进行自主学习，有的学生有时还做测试，以检测学习的效果。

学生在复习完知识点后，还可以使用我们另外为他们下载的色拉英语App，他们还能利用面板功能，在学习课外读物上进行单词解难。这样不但能预防优秀的学生对点读机失去兴趣，也拓展了新知；同时也使后进生能更熟练地朗读课文，听写单词，巩固课本学习内容，大大提高学习信心。同时也渐渐培养他们使用点读机来预习、复习课本内容，巩固知识点的习惯。

（四）分层学习，照顾学生学习差异性

点读技术的使用充分照顾到了学生学习的差异性，让教师可以根据不同学习能力学生的实际情况，因材施教，分层地布置任务，学生也可以根据自己的学习状况，在课堂上自主地选择需要点读的内容，并且可以根据自己的掌握程度决定需要点读的次数。如学习能力强的孩子在老师上完新课后，点读0~1次就能够认读课文句子，点读2~3次就能在堂上背诵课文段落。那么这一部分同学可以利用上课时间学习点读机内附带的英语分层阅读资料或者利用点读机的小屏幕观看英文小电影，既拓展了词汇量，又提高了英语阅读能力，同时也增强了学生学习英语的兴趣。对于英语学习能力较差的学生，教师可以在课堂上指导他们充分利用点读机的点读功能，通过复读、录音、游戏等学习方法，有效地帮助他们达到在课堂上完成认读单词和课文的学习目标，学生有了点读机的帮助，学习的窘迫心理没有了，对于英语学习的信心增强了，学习英语的兴趣也就越来越浓厚了。

四、教学反思

点读技术对学生学习主要产生以下的成效：

（一）点读技术的使用，大大地提高了后进生学习英语单词的能力

点读技术的使用，对于后进生来说效果尤其显著。后进生对于英文单词的读、记通常都会有恐惧感，因为他们接受能力较差，在堂上不能及时地掌握单词的读音，久而久之，他们对英语的学习就由恐惧变成了逃避，用逃避听课来否认自己的能力较差，以逃避记忆单词来掩盖自己记不住单词。著名特级教师于永正认为："激发兴趣，激发学生的求知欲和上进心的最好办法就是让他们不断地获得学习上的成功，体验成功的快乐，尝到胜利的喜悦。"点读技术的使用解决了学生碰到学习英语困难的根源，降低了英语学习的难度，增强了英语学习的信心，激发了学生学习的兴趣，形成了英语学习的良性循环。

（二）点读技术的使用，大大降低了学生读、背课文的难度

"当学生心理上紧张、怕犯错、信心不足时，就会引起心理语言活动，说话的能力自然受影响"，点读技术使用后对于缓解学生英语学习上的紧张情绪，提高对英语课文的读、背能力的效果非常显著。点读技术的使用不仅对于后进生的英语学习起着很好的辅助作用，对于学习能力中等的学生，效果也一样明显。一位学习成绩处于中等级别的学生，他的家长在一次调查中写道："点读机的使用，有效地提高了我们家孩子对于英语课文的读、背能力。孩子在家使用点读机点读了3次以后，便能够进行课文的朗读，点读了5次便能够进行背诵。孩子的英语学习兴趣提高了，在家每天能主动地点读英语，家

长也轻松多了。"

（三）点读技术的使用，有效地提高了学生的学业成绩

点读技术的使用，对于提高后进生的学业成绩效果显著。在实验班里有位学习能力较差的孩子，从二年级接班开始，班主任和科任老师就提醒我要特别留意这个孩子的英语学习，这位孩子的父母工作非常忙，没时间辅导和跟进他的学习，平时都是爷爷管教，老人家太宠爱孩子，况且爷爷的话他也不听，因此缺乏学习的积极性。可自从点读技术引进了课堂以后，这位学生的进步非常大，在三年级第一学期的第一单元测验中，这个孩子的测验成绩是88.5分，第二单元的成绩是89.5分，第三单元已经上升至96.5分，第四单元在试卷内容难度稍深的情况下仍然保持了93.5分，期末考试获得了95分。从上面这个案例的数据显示中，我们可以看出该孩子的英语学习成绩是朝着良好的态势发展的。该孩子对于英语的学习也充满了自信，并告诉老师他再也不惧怕学习英语了。

在点读技术这个教学手段的使用过程中，作为一线的教师，我们深深懂得只有不断地反思，根据学生实际情况使用恰当的教学手段，才会让我们的教学取得更大的成效。

第三节 促进学生个体阅读方法的优化

一、相关理论

阅读心理学指出，真正有效的阅读，必须依靠阅读者全部的心智和情感意向活动，才能通过对书面符号的感知和理解，把握其所反映的客观事物及其意义，达到阅读的目的。这种很具有个性化的活动，决定了阅读只能是学生自己的事，任何人都无法越俎代庖。阅读认知理论认为，阅读主体对于文本中的言语，只有在他的信息储存中能够找到与文本言语具有相似性的信息模块以后，才能进行相似匹配、相似激活，从而识别文本中的信息。由于阅读主体头脑储存的相似模块各不相同，因而即使是阅读同一文本，也会形成各自不同的相似选择与相似匹配，进而产生见仁见智的个性化理解。因此可以说，个性化阅读结果实质上是作为阅读主体的个人对阅读材料的一种带有强烈主观色彩的理解、感悟和体验，也必然会存在一定的差异性。综上所述，"阅读是一种被引导的创造"。学生在阅读中并不是消极地接受、索取意义，而是积极主动地发现、建构意义，甚至创造意义。因此，教师要关注学生的

个性差异并因材施教，促进学生个体阅读方法的最优化。

二、优化策略

个性化阅读是《语文课程标准》（简称新课标）中关于阅读教学的一个重要理念。《全日制义务教育语文课程标准》（以下简称《标准》）指出：阅读是学生的个性化行为，不应以教师的分析来代替学生的阅读实践。应让学生在主动积极的思维和情感活动中，加深理解和体验，有所感悟和思考，受到情感熏陶，获得思想启迪，享受审美乐趣。要珍视学生独特的感受、体验和理解。因此，这就要求教师要实施行之有效的教学策略，促进学生的个性化阅读。

（一）引导批注阅读

从众心理在小学生中普遍存在，表现在阅读活动上，就是人云亦云，不能或不敢提出自己的独特见解，这显然不利于个性化阅读。而批注阅读强调的是学生在独立阅读过程中，对课文的语言文字进行感知，对语文的内容、层次、思想感情、表现手法、语言特点、精彩片段、重点语句，在思考、分析、比较、归纳的基础上，用线条符号或简洁文字加以标记。学生想到什么，就写什么；爱怎样批注，就怎样批注，具有很强的阅读自主权。学生通过有感而发，有疑而注，有得而写，满足了个体学习的需要，促进了个性品质的发展。因此，批注阅读不失为一个实现个性化阅读的有效方法。

（二）强化"阅读反思"

对阅读过程的自我把握、反思和调控，是学生形成阅读能力、养成良好的阅读习惯的有效方法。因此，教师要重视引导学生依据自己的"阅读期待"强化"阅读反思"，在自我反思、调控中，不断修正自己的错误，改进自己的学习行为。一般来说，实现阅读反思和调控有三个途径：一是学生个体单独完成，即自我思考（我的理解正确吗？还有没有不同的见解或更有说服力的答案？能不能换个角度或方法想想、做做等）。以此来进行自我调整，深化阅读。二是同学间的合作交流。通过生生之间的互动、合作、交流，发现他人理解、思维、方法的独特之处，寻找自身的不足及原因，并获得调整思路、修正认识、改进方法的启示，达到集思广益、相互启发、取长补短的目的，加深对课文内容的理解。三是教师的点拨和调节。

（三）注重延时评价

《标准》强调要"逐步培养学生探究性阅读和创造性阅读的能力，提倡多角度、有创意的阅读",这就要求教师多采用延时性评价。因为在正常情况下,由于受思维定式的影响,新颖、独特、有创意的见解常常会出现在思维过程的后半段,也就是我们常说的"顿悟"和"灵感",倘若过早地对一个可能有着多种答案问题的回答给予终结性的评价,势必浇灭了其他学生创新与发散思维的火花。运用延时评价,能让更多的同学有更广阔的思维空间,产生更多、更美好的创新灵感,使个性思维和个性品质得到充分发展。

(四)设计开放问题

阅读既然是一种个性化的解读过程,那么,学生自然可以依据自己的"阅读期待",对课文产生认同、共鸣,或进行质疑、批判。所以,在课文问题设计上,应放弃强调"答案唯一性"的限定性问题,多设置一些能促进学生多向思维、个性思考的开放性问题,为学生驰骋思维、放飞思想、张扬个性提供广阔的空间。

三、教学反思

长期以来,由于受应试教育的干扰,片面追求"唯一答案"的"一元解读"已成为小学阅读教学的主要价值取向。教师按照"教参"上提供的"唯一答案"解读课文,并设计相关的问题,学生顺着教师预设的问题理解课文。这种异化了的阅读教学,不仅不能提高学生的阅读素养,而且泯灭了学生的个性。以上的阅读教学片段,尊重了学生的个性差异,让学生用自己熟悉的阅读方式进行阅读,教师只是从旁加以适当的引导。要使每个学生都能平等地参与学习,运用自己的个性来展示学习过程,达到阅读效果,就要关注以下三个差异:

(一)朗读能力的差异

"读"是语文学科的主要特色。在教学过程中要让学生充分地读,在读中整体感知,在读中有所感悟,在读中培养语感,在读中受到熏陶。由于小学生的认识水平和心理特点不同,必然造成学生在朗读能力上存在一定的差异。面对同一篇阅读文章,阅读程度好的学生,教师可以要求他进行更深入地思考,启发他发现更深刻的内涵;而阅读程度较差的学生,教师则可以降低难度。通过朗读比较,进行情感和语调的对比,辨析细微差异,因材施教,以提高学生的朗读能力。

(二)感悟能力的差异

在体验阅读的过程中,读者与文本的相互作用是以情感为基础的,情感贯穿了整个阅读活动的全过程。但是，情感的不同、经验能力的不同，也必然使作为阅读主体的个人对阅读材料的理解、感悟和体验带上了强烈的主观色彩，从而产生一定的阅读差异性，而这种差异性的表现就是学生对文本的多元解读。因此，对于一篇课文的解读不一定要千篇一律，学生可以完全根据自己的情感世界、个人经历、生活体验去做合理的阐释与解读，要敢于怀疑、敢于批判，这也是培养创新思维所必不可少的。

（三）想象表达能力的差异

发展和培养学生的思维能力一直是小学语文的一个重要任务，而发展学生的想象能力则是培养学生思维能力的一个重要方面。所谓"想象"，是指在原有感性形象的基础上，创造出新形象的心理过程。没有想象，就没有创造，无论创造想象还是再造想象，都对小学生的思维起着极其重要的作用。与此同时，学生想象能力的不同，也必然会带来语言表达上的不同，形成了一定的阅读差异性，而这种差异性就促成了学生丰富多彩的想象空间。

总之，只要尊重个体差异，倡导自主学习，促进交流互动，就一定能促进个体阅读方法的最优化。

第四章 弹性而有效的作业设计策略

作业是学生为达到学习目标、完成既定任务而开展的学习活动。对有效作业的理解，可以从质量与过程两个基本视角进行考察。从质量视角来看，有效作业就是有效果与有效率的作业。所谓有效果，就是指达成预期的目标，而有效率就是指以少的投入取得高的产出。达成或超过预期的目标，是能够实现期望目标的增值教学。有效作业是一个动态的转化过程：有效作业从有效的"理想"转化为有效的"思维"，再转化为一种有效的"实践"。从过程视角来看，有效作业是在特定的教学环境与条件下，师生之间有效教与有效学的交流和互动，以实现预期的学习目标的实践活动。有效作业的设计策略是依据挑战性学习目标，精选、精编习题；预设弹性作业，满足学生差异性学习需要；在合理的作业形式中及时反馈，动态生成矫正作业。

第一节 积累感悟型作业设计

新课程标准要求语文课程应致力于学生语文素养的形成与发展，九年义务教育阶段的语文课程，必须面向全体学生，使学生获得基本的语文素养。基于这种使命感，结合学校"弹性而有效的作业设计策略"的课题，针对小学生的年龄特点，笔者开展了"轮流日记"这一小课题的探究。力求找到一条既有益于语文素养的提升又富有活动性、参与性的作业操作途径，让学生在轻松的活动中提升语文整体素养。

一、相关理论

多元智力理论告诉我们：人的智能是有差异的，而小学生在智力、兴趣、爱好等方面表现出的差异更是显而易见的。但"差异"并不等于"优劣"，"差异"同样是一种教育资源。这就要求我们在尊重学生个体差异的基础上，巧用这种差异，使教学照顾到每一个学生的实际需要，切实为学生的发展而努力。以生为本，因材施教是关键。所以设计作业要以激发学生学习兴趣为切入点，变"要我做作业"为"我要做作业"。

（一）兴趣是最好的老师

长期以来，作文训练的主要模式一直是教师命题、学生写作，而许多教师的命题，又往往很难激起学生的写作冲动和写作热情。因此，尽管师生双方在写作方面都花了很大力气，但收效不大。相反，还带来了一些负面效应，使学生在写作过程中会产生种种心理障碍，或对好文章产生可望而不可即的畏难心理，或对教师布置的作文持草草了事的应付心理。凡此种种，学生怎能写出情文并茂的佳作，写作教学又怎能达到预想的效果？《语文课程标准》中关于小学生习作目标有这样的表述："留心周围事物，乐于书面表达，增强习作的自信心。能不拘形式地写下见闻、感受，注意表达自己觉得新奇有趣的或印象最深、最受感动的内容。"所以，要想切实提高学生的写作水平，必须另辟佳径，这便有了所谓的"轮流日记"。对这种新的写作形式，学生都感到新奇有趣，加上教师事先积极组织发动，所以学生都跃跃欲试，真正踏上了"吾手写吾心"的道路。

（二）真情是生活的结晶

"轮流日记"，打着"解放思想"的旗帜，少讲规矩要求，让学生尽情发挥，学生没有了顾虑，就会重新审视身边的人和事，审视自己的心灵，他们总有那么多的秘密要倾诉，总有那么多的心曲要迸发，文思泉涌。有了生活，有了真情实感，并让这一切在笔端下自然流露出来，他们的写作便有了源头活水。"轮流日记"还强调学生以小组的模式进行自主写作、合作探究、平等竞争、共同提高，强调教师要适时进行有目的、有步骤、分阶段、分层次的有效指导。这样的写作训练理念能很好地满足学生心理的内部矛盾需求，因而能够切实全面地提高学生写作水平。

（三）竞争是激励的手段

"轮流日记"给学生提供了自主写作的平台，重视培养学生的合作探究、平等竞争的意识和习惯，重视学生在不同发展阶段的不同需要，尊重学生在写作训练中的个性差异，鼓励学生选择适合自己的写作方式，使每个学生在写作方面都能获得可持续发展。它把密切联系生活实际作为自身的显著特点，为学生在实际生活中进行写作训练提供了平台，力求让写作真正成为每个学生的生活需要。"轮流日记"诞生后，由于每一天的日记都要与大家见面，还要接受同学的批评，优劣高下便显而易见，同学的中肯评价又能很快反馈给本人，这样每一个轮到的学生都会竭尽全力去写、去改，力争写出最高水平。

通过"轮流日记",让学生在竞争中不断吸取别人的长处,弥补自己的不足,写作能力便也得到不断提高,这恐怕也是"轮流日记"能循环下去,长盛不衰的主要因素。

二、实施策略

(一)合理分组,平衡实力

每组基本上是4~5个人,本着"学生自愿,老师调剂"的分组原则(或与平时的学习小组一样,与行为规范评比挂钩),但每组的组员要力求好中差相搭配,这样做的目的,一是为了保证小组竞争公平性,二是为了写作水平高的能带动和帮助写作水平低的。每组都设有一个组长,负责每天提醒组员按时写日记和协调组内出现的问题,督促学习态度不够认真的组员保质保量完成日记,督促组员认真阅读本组同学所写的日记,并作出客观的评价。每个小组都有一个富有特色的组名,如"飞翔""自由""群侠""幻星""胜利"等,每个组员还自我介绍他们独具个性的形象设计,欣赏他们日记本的扉页。笔者被孩子们的奇思妙想和智慧深深打动了。

(二)指导撰写,拓展空间

要求每组一周写5篇日记,多写不限,小组成员轮流写,轮一次就写一则日记,星期五和双休日连在一起,只要求写一篇。日记内容自定,不限制文体,这样就能最大限度地给学生提供自由写作的广阔空间。对于写作有一定困难的同学,其他组员可以给予启发,提醒他们关注生活,帮助他们学会观察,这样他们也就不再为"无米之炊"而烦恼了。日记是孩子们对生活的真实记录。从一篇篇日记中,笔者看到孩子眼中的世间万象,分享到孩子们童年生活的酸甜苦辣,感受到他们纯洁而又略显脆弱的心灵,欣赏到他们飞扬的灵性和智慧,一本本日记就是一个个五彩的世界。

(三)多元评价,挖掘潜能

1. 实行多方评价

不管是写日记的同学自己还是家长、组员、老师,都要对他们当天写的日记作出评价,以学生评价为主。组内成员人人都必须认真读当天同学写的日记,并给予评价,另外还允许交日记上来之前进行集体修改。这样一部分写作困难的孩子在其他组员的帮助下也能交出像样的日记来了,天长日久,写作水平自然得到提高,写作的热情也自然高涨。孩子们大多是就日记的内容进行评议,一则则评议昭示着孩子们对世界、对生活的理解和认识,同时也是孩子们心灵之间的对话。教师评语也应以正面评价为主，写得好的日记批上"读"或者"传阅"。"读"就是老师会在课堂讲评的时候读这篇日记，可能是写得精彩的，也可能是某些地方存在一些问题，要提醒同学们注意的；"传阅"就是日记写得真好，请把它传给更多的同学读。笔者很看重课堂中这样的讲评，学生也非常盼望这样的讲评，尤其是那些当天日记写得比较好的学生，当他们被肯定、被表扬后，那种兴奋、那种自豪是溢于言表的。笔者也会结合读学生的日记，适时地穿插一些写作的基本功训练，如怎样利用立意、构思、选材、布局谋篇、分段造句等有计划地进行训练。教师在评价中通过引导不断教给学生修改的方法，提高学生的鉴赏能力。由此，我们可以很明显地看到，学生和家长的评价更主动、更积极了，评价的水平越来越高，评价得也越来越专业。学生因为评价所以认认真真地读，在读中汲取别人的长处，发现别人的不足，在写作中做到了扬长避短。

2. 实行小组比赛制

一个月进行一次评比，实行累分制，集体奖取前三名，并给予奖励。还设有个人奖项，"明日之星"是授予写作水平最高的同学的，"希望之星"是授予写作最富有创意的同学的，"冲刺之星"是授予进步最快的同学的……有效的评价，会使学生有一种"拨云见日"的感觉，能激起他们写作的热情，并让他们体验到写作的乐趣，使他们的写作道路越走越宽。

（四）展示作品，放飞梦想

针对一些优秀的日记，我们会选取一些在学校里进行展览并推荐到校广播站，在家长会上向家长展示，向报纸、杂志、电台等媒体积极投稿，这样就极大地调动了学生的写作热情。每个同学都很珍惜本组的日记本，它是属于每个组员的，每一本日记都被精心收藏，它有同学们童年里珍贵的回忆。随着我校信息技术硬件装备的不断完善，利用现代化信息技术为学生提供了习作展示和交流的机会。近年来博客已成为个人通过网络发表言论、交流思想、展示才华的重要平台。我们借助互联网，为学生的习作插上腾飞的翅膀。

第二节 协作探究型作业设计

交流与协作是现代知识经济和信息社会中人们活动的重要组成部分，高新科技的开发应用和社会改革都离不开群体的智慧和力量，协作精神已成为新世纪人才必须具备的重要素质之一。素质教育的重点就是要培养人的科学素质、人文精神与创新能力，并通过协作实现人的全面发展。在信息化社会中，如何获取信息、筛选信息、整合信息、应用信息、创新信息，也已成为衡量学习能力的重要标准之一。

一、相关理论

建构主义是对认知主义的新发展，建构主义学习理论非常强调在知识掌握过程中学生个体的作用，认为知识不是由教师传授的，而是学生在一定情境中通过自己的探索发现主动建构知识意义的过程，即只有学生主动建构的知识才是有意义的，教师是实现学生知识意义建构的促进者、帮助者和指导者。建构主义学习理论强调以学生为中心，并成为以"学"为中心进行教学设计的理论基础。

协作学习（Collaborative Learning）是一种通过小组或团队的形式组织学生进行学习的策略。小组成员的协同工作是实现班级学习目标的有机组成部分。小组协作活动中的个体（学生）可以将其在学习过程中探索、发现的信息和学习材料与小组中的其他成员共享，甚至可以同其他组或全班同学共享。在此过程中，学生为了达到小组学习目标，个体之间可以采用对话、商讨、争论等形式对问题进行充分论证，以期获得达到学习目标的最佳途径。学生学习中的协作活动有利于发展学生个体的思维能力，增强学生个体之间的沟通能力及对学生个体之间差异的包容能力。此外，协作学习对提高学生的学习成绩、形成学生的批判性思维与创新性思维、对待学习内容与学校的乐观态度、小组个体之间及其与社会成员的交流沟通能力、自尊心与个体间相互尊重关系的处理等都有明显的积极作用。

二、教学策略

协作学习目前已经成为课堂教学与互联网络环境下一种非常重要的学习模式，它是一种通过小组或团队的形式组织学生进行学习的策略，对培养学生的创造能力、求异思维、批判思维、探索发现精神、与学习伙伴的合作共处能力和培养新世纪需要的创新型人才非常重要。

第三节　活动实践型作业设计

《基础教育课程改革纲要（试行）》把教育的价值取向定位为"为了每位学生的发展"。培养学生健全的个性和完整的人格，是教育的最终目的。作业作为教学的基本环节，如何在作业设计中最大限度地实现每位学生的发展,是每位教师都在思考的问题。我校根据课改精神,结合本校实际,在节假日期间布置拓展性作业。拓展性作业设计旨在引导孩子关注生活,拓展孩子的视野和思维,强调实践操作。这种具有生活性、综合性、开放性和趣味性的作业能让学生摆脱枯燥机械的作业束缚,真正做到在玩中学习,在生活中学习。学生通过实践,获得了亲身参与实践的积极体验和丰富经验,增强了探究和创新意识,发展了综合运用知识的能力,培养了社会责任感。

一、理论依据

拓展性作业设计依赖于丰实宽厚的理论基础,主要包括陶行知先生的"生活教育"理论、多元智力理论、建构主义教学理论等。

陶行知先生早在20世纪20年代就提出"生活教育"理论。他的基本理念是:生活即教育,社会即学校,要用生活来教育,要为生活而教育。他把"生活"视为教育的"源泉"和"中心"。这种教育思想贯穿于我们拓展性作业设计的全过程,拓宽了我们的视野并找到了实现的途径。陶先生说:"教育来源于生活,依据生活,且为生活服务,整个社会生活是教育的源泉。"

他把教育与生活的联系作了形象的比喻:"一个学校要有美满的生活,必须和知识的源泉——社会生活通根水管,使得知识源源而来。"他主张把横在学校和社会之间的"墙""拆除",形成"四通八达的教育"。据此,我们认真研究学生生活的范围、内容、类别、特点,力图把"通水管""拆围墙"的工作深入到学生生活的每个时段、每个领域。于是,众多学生生活话题产生了,作业设计方向明确了。

美国心理学家在20世纪80年代提出的多元智力理论中指出,个体存在着相互独立、方式多元的八种智力,包括"言语—语言智力""逻辑—数理智力""音乐—节奏智力""视觉—空间智力""身体—动觉智力""自知—自省智力""交往—交流智力""自然—观察智力"。每个人都有自己独特的智力结构和相对优势的智力领域:人与人之间没有"聪明""不聪明"之分,只有"哪个方面更聪明""哪个方面较逊色"之别。然而,传统的作业设计形式呆板、内容枯燥、要求划一、评价单一,导致作业的实效性差,根本不利于学生综合素质的培养。多元智力理论使我们重新审视了自己的教学观。在多元智力理论的指导下,我们把拓展性作业设计与小学各学科建设结合起来,通过学科整合来推动学生的全面成长和个性发展。

建构主义认为学习者对知识的学习或建构是一个积极、主动参与的过程,其基本模式或流程是:面对外界的各种刺激——学习者产生各种困惑、问题或兴趣—学习者调动自己的身心器官和已有的知识结构—学习者强化与他人、社会、整个世界的相互作用—学习者构建起有意义的知识和经验。在整个学习过程中，建构主义强调学生是学习的主体，强调学生的自主性。学生在探究、学习中，总是在已有的知识基础上，以自己的方式理解知识，从而获得具有独特意义的知识。在建构主义理论指导下，拓展性作业设计把一个问题交给学生，学生在这个问题目标学习中受到刺激，进而为自己设定目标。学生在问题解决的过程中扮演积极的角色，在思考问题、调用已有知识、寻求问题解决策略、与各种信息互动过程中，获得相关学科的基础知识与技能。

二、实施策略

在这些理论指导下，我们不断摸索，在实践中归纳出了相应的设计策略。

（一）主题式作业设计，体现学生的主体性

拓展性作业，重视学生的自主活动，让学生在体验与创造中学习。这种学习是基于学生的个性特点与兴趣爱好，让作业不再是单一枯燥的文本，而是富有色彩、充满情趣的多元复合体，它能够激发学生进行多方面的感官体验，在愉悦合理的情境中获取知识。

每一次的拓展性作业，都围绕一个主题来展开。学生围绕着这一个个主题（例如"祖国，生日快乐——2009年小北路小学国庆假期拓展性作业"），循着老师的点拨、指导，对这一主题进行分解、演绎（例如用英语或绘画形式制订假期计划；围绕国庆各地庆典活动，写读后感、观后感等；通过国庆活动，搜集这方面的相关数据，感受祖国变化），形成若干部分，多个侧面，然后把各部分、各侧面连接起来，从而感受国庆的丰富内涵（例如出手抄报）。

这样的作业，没有统一的内容，没有规定的作业量，没有标准的答案，能让不同层次的学生都有时间和空间进行思考、创作，所以学生都乐意去完成。当教师创设一个问题情景时，学生就会认真地感受问题，根据自己已有的认知水平和兴趣，为自己设定目标，从而实现积极主动的探索。做什么、怎样做都由学生自主解决或在老师的引导下解决。更重要的是，主题作业设计也培养了学生"分析—综合—再分析—再综合"的思维方法。皮亚杰的认知发展理论就曾提出："知识的多少不是重要的，如果知识是散装的，而不是组织好的网络，这些知识是无法提取和运用的。"因此，教师要实现良好的教学，提高学生的整体素质和知识水平，就必须对作业进行设计。

（二）在生活中实践，提高学生学习兴趣

生活是个大课堂，它的教育效果和教育意义远远大于我们学校中的课堂，《基础教育课程改革纲要（试行）》明确了"以生活世界为本"的课程观。在作业设计中，我们要有意识地把作业向生活延伸，让学生在社会生活中去体验、去感悟、去拓展。要引导学生把学到的知识运用于生活，尤其是创造性地运用。因此，我们要充分利用社区、学校、家庭等一切教育资源，引导学生走向社会，走向生活，在生活实践中掌握知识，学会生存，学会创造。在活动中学生需要采访、聆听、观察、记录，在搜集处理信息时学生的内心也在剧烈跳动着，情感的培养也就水到渠成了。

1. 从学校、家乡的自然和文化资源中提炼作业主题

拓展性作业设计充分注重社会、生活资源的合理引进，引导学生拓展视野，校园文化、家乡的自然风光、名胜景观、民俗风情等都能成为我们作业设计的主题。

2. 利用特定的节假日挖掘作业主题

拓展性作业一般是在国家规定的节假日期间布置。在一些含有特殊文化背景的节日里，为了让学生真切感受传统文化的迷人魅力，激发他们积极参与创造民俗文化的热情，我们设计了不同的主题，加深了学生对祖国传统文化的认识。

比如春节，我们就设计以"春联"为主题的寒假拓展性作业：读读、背背自己喜欢的春联，直观体验平仄相协、对仗工整的音律美；抄抄、写写自己喜欢的春联，加深认识其工整、简洁、精巧、对偶的文字；了解、查阅、研究关于春联的起源、历史、特点、种类、故事、变迁等，从春联里读出古老的传统和中国的文明，从美好祝愿中提炼精粹；分别给自己的亲朋好友推荐春联，了解春联反映的不同行业、不同家庭的不同"幸福观"；拓宽观察民间风情的途径，懂得与人交往；与朋友或家人一起创作春联，营造热烈、健康、和谐的节日氛围。

3. 结合时事挖掘作业主题

设计热点作业既能扩大学生的知识面，开阔学生的视野，帮助学生巩固理解基础知识，又能通过日常生活中的事例，培养学生观察问题和分析问题的能力。更重要的是，它还能促使学生养成关注社会的习惯，培养学生的社会责任感。

（三）注重学科整合，促使学生多元智能发展

加德纳的多元智力理论认为："传统的教学过多关注语文与数学智能，忽

视学生的运动、音乐、视觉、人际关系、自我认识等多种智能的培养，使学生其他智能在一定程度上受到抑制。"所以，我们要在拓展性作业设计中，努力为学生创造一个多元环境，让学生在跨学科、跨领域中学习。其实，小学阶段的数学、语文、英语、品德与社会、科学、美术、音乐等学科都有着一定的联系。拓展性作业就是要找到这些学科的"接点"，使学生在不同内容和方法的相互交叉、渗透和整合中开阔视野，提高学习效率。每一次的拓展作业，学生都能尽自己所能去发挥，绘画、唱歌、作曲、手工制作、写作、英语表达、数字统计……学生的优势智力由此得到了充分的发挥。

三、反思

什么是最好的老师？生活是最好的老师。这份作业的答卷，让我们更深地感受到：生活即教育，教育是为了生活。

现在一些小学生受家庭、社会等各方面的影响，对不同行业的劳动者会产生不同的态度，甚至是不正确的态度，尤其是有些学生看不起那些体力劳动者，这对他们正确的人生观、世界观的形成是很不利的。很明显，这份作业设计，是想通过社会实践活动，让学生去发现普通劳动者的美。正因为有了这些平凡人的劳动，我们的生活才能变得更美好。这样的主题，其实并不新鲜，因为我们每一代人都在高唱"劳动最光荣"。但是，更多时候，劳动教育存在于道德说教。这份作业，没有道德说教，学生在实践中，就能真正感受到人与人的平等，懂得对普通劳动者要心存敬意。

"五一"前夕，学生接到这份作业，都十分兴奋。因为他们无须应付大量机械重复的作业，只需在生活实践中好好去感悟。作业设计所需要的社会资源，学生只要走出家门就随处可得。对于身边这些熟悉的人群，学生平时可能毫不留意，但这一作业主题的设立，让学生学会在生活中用眼睛去发现美，用心灵去感受美。

一种方式可能只是一种期待，你给学生一个自由的空间，他还给你的可能是精彩纷呈的内容。学生在广阔的生活空间里，去发现、去采访、去思索、去记录，然后用自己喜欢的方式来表达自己内心的感受。在这种开放方式的背景下，不同层次的学生个性都能得到更多的发展。看看本次作业，低年级的学生学会观察，通过拍摄去感悟生活；中年级的学生学会采访，通过写祝福卡片、作诗去赞美劳动者；高年级同学更是在生活中学数学，通过制作统计表，学会作出合理的判断，直接感受到普通劳动者工作之艰辛；通过采访，这群平凡人的平凡话语更能震撼学生的心灵，使学生对劳动者的尊敬之情油然而生……学生在这个过程中，完全是主动学习。在整个过程中，学生学会了观察、分析，学会了如何与人交际，学会了表达情感……更重要的是，学生学会了尊重人，意识到人与人之间应该平等。

无需老师的说教，一次作业，一次生活实践的经历，就让学生的精神经历了一次洗礼，综合学习能力得到了提高，作业的实效性就体现在这里。

第五章 教师教育管理的审美价值

第一节 对教师教育管理审美价值的理解

对教师教育管理审美价值的理解，我们是从其本质内涵及其特征、表现形式及其特性四个方面来把握的。

一、教育管理审美价值的本质内涵及其特征

（一）本质内涵

审美价值的本质是客体的审美属性对主体的审美需要的满足，是审美主客体相互作用的实践关系。教育管理的审美价值就是教育管理作为审美客体对教育管理审美主体的审美需要的满足，是教育管理的审美属性与人的审美需要在教育管理实践基础上的统一。理解教育管理审美价值的本质，也需要把握三个方面：一是教育管理客体的审美属性；二是教育管理审美主体的审美需要；三是教育管理实践。

首先，教育管理客体的审美属性（即教育管理潜在的审美价值）。教育管理能够满足人的审美需要的审美属性是什么呢？美是自由和谐的关系，美的精神即主体的自由精神。教育管理的本质是教育管理者按照社会的要求和教育管理自身的规律，为促进人类自身的再生产，使教育更好地为社会服务的一种协调活动。从逻辑上讲，美的精神在教育管理活动中的体现就构成了教育管理审美属性的要旨和精髓，即人的自由本性以感性的和谐形式在有关教育的协调活动中的显现与确证，它指的就是教育管理活动的自由和谐。具体地说，就是在有关教育的协调活动中，教育管理者通过自由创造的决策、组织、领导、控制、创新等管理行为的有序运行，协调教育组织和个人、教育组织和环境、教育组织中的人与人之间的关系达到对立统一的和谐，从而提高效率，愉悦人性，促进人类自身的再生产，并更好地为社会服务，最终实

现教育的目标。这一认识包含以下三个要点：

1. 教育管理主体的智慧、品格、审美和谐统一的良好素养

教育管理者是充满管理智慧的主体，博学多识，通古论今，有着丰富而广博的基础知识、专业知识和管理知识积累，能够不断地学习、掌握和运用现代教育管理理论和管理策略；具有良好的组织管理能力，善于统帅全局，领导指挥，沟通协调，激励控制，知人善任，礼贤下士，思维开阔，反应敏捷，英明决断，锐意创新。教育管理者还是具有高尚的道德情操和崇高的思想境界的主体，有着振兴教育事业的强烈责任心和高度的政治责任感，光明磊落，襟怀坦荡，实事求是，追求正义，以身作则，率先垂范，热情正直，宽容豁达，以诚待人，与人为善。教育管理者应具有一定的审美修养，能够正确理解人性的本质与主体自由自觉的生命活动的最高价值意义，理解审美是人最本真的存在方式，能以高层次、高品位的审美理想（审美追求）引导实施真善美统一的、符合自由人性的教育管理活动，并能感悟教育管理主客体相互作用的对象化过程中人的本真存在状态，从平凡、琐碎的日常生活中超拔出来，从扭曲、蜕变的异化管理中解放出来，把生活的真正意义深深地嵌入心灵，进而提升人的生命境界，面向未来，创造美的教育管理。形象地说，一个新时代的教育管理者，应有着一双洞悉瞬息万变的世事的眼睛，高超的智慧与如剑的锐利，能勇敢地直面严峻环境的挑战，有着山一般的坚韧与沉着，独具匠心，运筹帷幄，有着鹰一般搏击长空的胸怀与豪迈，还有着摆脱功名利禄的羁绊，让心灵脱离于浮华遮蔽的尘世，进入明净淡泊的超脱境界。总之，教育管理者应是智慧、道德品格、审美修养和谐统一的主体，应具有人性之美。良好的素养是教育管理者从事教育管理活动必不可少的前提，同样，也是教育管理审美客体属性的重要的条件。

2. 教育管理协调活动的和谐有序而自主创造的运行

教育管理的协调行为主要是从教育管理职能的运行过程中体现出来的。关于管理的职能，历来有不同的提法，最有代表性的是法约尔最早提出的五种职能，即计划、组织、指挥、协调、控制；然后是厄威克和古利克在进一步研究基础上提出的著名的 POSDCRB 七种职能，即计划、组织、人事、指挥、协调、报告、预算，成为以后有关此类研究的出发点。"协调"职能，在法约尔看来，是"连接、联合、调和所有的活动和力量"，在厄威克和古利克看来，是"调节所有的重要工作之间的相互关系"。这种对各种活动和关系的协调并不是一种独立的表现形式，它渗透在管理的各项工作中，管理过程中的各项工作都需要关系的协调。协调实际上是管理的本质职责，所以孔茨不同意把协调单独作为一项职能，他认为协调是管理的核心，所有的工作都

是为了促进协调,孔茨把管理职能概括为:计划、组织、人事、领导、控制。当代管理学者罗宾斯(Robbins)和库塔(Coutar)把管理过程的职能概括为:计划、组织、领导和控制。

我们认为根据管理理论的最新发展,对管理职能的认识也应有所发展。目前,我国管理学者周三多提出"决策、组织、领导、控制、创新这五种职能是一切管理活动最基本的职能"。这种提法我们认为有一定的道理,因为过去人们往往把决策看作计划职能的一部分,但决策是一个复杂的过程,计划是为实施决策制订的,任何计划都是实施决策的工具,计划应是决策过程中的一部分。任何社会组织的管理活动,从最高层管理者到最基层的工作者都有决策职能,愈往高层战略性决策愈多,愈往基层执行性决策愈多。管理的决策职能不仅各个层次的管理者都有,并且也分布在各项管理活动中。所以,决策应是管理活动中第一位的基本职能,它要解决的是树立目标、优选方案、制订计划;决策的实施要靠其他人的合作,这就需要组织职能,即设计岗位、配备人员、规定制度;组织目标的实现要依靠组织全体成员的努力,但各种岗位上的人员因多方面的差异,在合作中必然会产生矛盾和冲突,这就需要领导职能,领导者为了实现组织的目标应采取合适的领导方式、激励模式和沟通方式;在执行计划过程中,为使实践活动符合计划,就需要有控制职能;创新职能是对现代科技迅猛发展、市场需求瞬息万变的灵活应对和积极反映,没有创新就无法立足,无法发展,因此创新是现代管理的一种非常重要的职能,它存在于其他各种管理职能的所有活动中,并作为原动力,不断地推动管理活动走向新的循环。正因为如此,我们认为管理的基本职能就是决策—组织—领导—控制—创新。

3. 教育管理结果中,对效率与人性追求的目标实现

首先,教育管理是为了促进人类自身的再生产从而使教育更好地为社会服务的一种协调活动。这种与"人"紧密相连的"人—人—人"管理系统,其目标追求具有双重性的特点:直接目标是提高效率(包括社会效益);根本目标是引人育人。一是教育管理毫无疑问是一种追求效率(包含社会效益)的活动,在教育管理中,对效率的追求,既要符合人类自身再生产和社会进步的需要,能够产生良好的社会效果,即合善的目的,否则效率再高也无任何意义,同时,又必须驾驭教育和管理的规律,合理调配教育资源,从而使管理速度更快,管理质量更高,即合真的规律性。这样,当教育管理者以最小的投入获得最大的产出时,这种真与善的统一显示了教育管理主体用智慧改造客体的自由与创造,以感性的形式体现了教育管理主体与教育管理客体的和谐、投入与产出的和谐、内容与形式的和谐,从而能给人以情感愉悦。

二是人性是教育管理关注的终极。教育的世界是人的世界，人是价值的中心，现代教育管理的一切活动都以人类生存与发展为价值标准。那么，教育管理必须是符合人性的教育管理，而不是"压迫与被压迫"的教育管理。保罗·弗莱雷在《被压迫者的教育学》中指出，压迫使被压迫者失去了人性，而压迫者剥夺了他人的人性，自己也变成了非人性。自由实践的教育应该不存在压迫与被压迫，双方——教师和学生都应是解放中的人。这一观点对于我们理解教育管理过程中的自由人性具有很大启示，教育管理者只有尊重了被管理者的自由人性，自己也才是人性化的。因此，我们倡导美的教育管理应是自由实践的教育管理，教育管理者和被管理者不是压迫与被压迫的关系，而是对话关系，双方都是解放中的人。教育管理过程中所有的人都应人性化地自由地存在着、生活着。教育管理的终极目标是指向自由健全和谐的人性。只有实现了高效率与和谐人性这一双重目标的教育管理，才是有效的教育管理，而有效的教育管理是教育管理审美理想的现实体现，是人的自由精神在教育管理中得以展示和解放的确证，因此，有效的教育管理才可能是美的教育管理。总之，教育管理主体的管理智慧、道德品格、审美修养和谐统一的良好素养是教育管理审美属性的条件要素，教育管理协调活动的和谐有序，自主创造的运行，是教育管理审美属性的关键手段要素，教育管理追求效率和人性的目标实现是教育管理审美属性的结果要素。这三个方面的有机结合，共同展现出了教育管理中人的自由自觉的生命活动的本性，使人在教育管理中有可能感受到生命在被管理过程中存在的意义与价值，有可能满足管理者与教育者、受教育者自我发展的成就需要，有可能享受到情感的愉悦和精神的畅扬。因此，这三个方面共同构成了教育管理审美价值中客体属性的内涵和要义，它是教育管理潜在的审美价值。

其次，教育管理审美主体的审美需要。审美需要是人作为一种有生命、有意识的社会存在物所内在具有的一种渴望和追求，具体表现为人类渴望满足发展自己、肯定自己和全面地表现自己"自由自觉的生命活动"的需要。"只有审美的心境才产生自由"，这是人之为人的一种本真体现。对自由的渴望，是自文明诞生以来就根植于人类心灵中的一种积极的本质力量；人只要活着，就会希望以最有人性尊严的方式存在；只要人活动，他也总会希望能把自己所拥有的本质力量最充分地表现出来。人不仅要在对象化的活动中实现自己，还要从自己所创造的对象世界中欣赏自己，肯定自己，因此，我们说对自由生命本性的需要就是审美需要。那么，教育管理中审美主体的审美需要就是对教育管理中人的自由的需要。

教育管理审美主体对自由的需要具体表现在哪些方面呢？也就是说，教育管理中人的自由是指什么呢？自由是人根据对必然性的认识按照自己的意志活动，它依人所处的现实关系而表现为主体相对于自然界和社会的主体自由、主体在社会关系中相对于他人的社会自由和主体相对于自身的个性自由。根据这种观点，我们认为，教育管理中人的自由就是"主体在组织中的自由"，主要表现为三种。一是人的主体自由，即教育管理者在教育管理客观规律面前的自由，主体能够摆脱外部客观规律的束缚，超脱外部力量的控制，发挥自觉能动性，灵活地认识和驾驭教育管理规律，以达到教育管理活动的效率目的；二是人在组织中的自由，即根据自己在教育组织中所处的地位和权利，在一定范围内按照自己的意志和愿望去行动，从而实现自己的利益，它意味着人在教育组织中权利的合法性和利益的公平性；三是人的个性自由，即按照自己的意志去支配自身的存在和发展，不必由于外部力量的强制而被动地压抑自我，从而实现个体生命"自由活动"的内在本性目标。由于在教育管理中，人们最为关注的是如何通过自主活动争取自己应有的地位和权利，保护自己的合法利益达到公平，因此，组织自由是我们所涉及的教育管理中人的自由的重心所在；但是教育管理必须通过主体自由获得效率，主体自由是组织自由不可或缺的基础，而个性自由又是教育管理的最根本的终极追求，教育管理中的主体自由和组织自由最终都是要通过个性自由的实现来体现的，所以，我们这里所说的教育管理中人的自由是以组织自由为重心，兼顾主体自由和个性自由，也就是说是把教育管理中人的自由的三个方面作为一个整体来谈的。人们在教育管理活动中，不仅要以合规律、合目的的方式进行教育管理对象化的理性运作活动，还希望在这个对象化的理性活动中以感性的、合理想的、超越功利的方式和状态肯定自己，愉悦自己，提升自己，这就是教育管理审美主体的审美需要，即对"自由"的需要。它是对主体被压抑、被禁锢的深层情感和本真存在的呼唤，是对主体享受生命乐趣、体味人生意义、愉悦自我成就的渴望，是对教育管理过程中管理者、教育者、受教育者的"自由自觉的生命活动"的追求。这种超越感官欲求的高级精神追求，不仅能唤起主体不断创造自己生命价值的强烈激情，而且赋予人有限的生命以无限的意蕴，使教育管理者、教育者和受教育者的生命状态向着完整的自由状态提升。

最后，教育管理客体的审美属性满足教育管理审美主体的审美需要所形成的教育管理的审美价值，是在教育管理的审美实践活动中实现的。价值的本质是客体属性与主体需要在实践基础上的统一，那么，"实践"也是我们理解教育管理审美价值的不可缺少的范畴。在教育管理的审美价值关系中，"实践活动"有两层含义：一是教育管理本身的实践活动，二是对教育管理的审美实践活动。教育管理实践活动创造了教育管理潜在的审美价值（即教育管理客体的审美属性），这是一个非常重要的基础；而教育管理审美价值的现实实现是在教育管理的审美活动中完成的。

  第一，马克思主义的实践美学观认为，"劳动创造了美"，美是人类实践的产物。按照这一观点，我们认为，教育管理的审美价值是教育管理实践活动的产物，是历史发展的产物。教育管理中的美不是从外部注入的，而是在大量的教育管理实践中创造的。首先，教育管理创造了美的需要。比如，正是要不断地改进和创造符合教育者、受教育者，以及广大教育工作者生理和心理要求的舒适的教与学、工作与学习的环境，保护他们的身心健康发展，激发他们的主人翁责任感、主体意识和工作、学习的积极性、能动性，提高学习效率和工作效率，促成了按照环境美学的规律与方法美化教育行政机关或学校的工作环境和教学环境的需要；正是要提高教育、教学、生产、科研产品质量及其竞争力，保证教育系统在竞争中更快地发展，促成了运用技术美学的原理和方法组织教育经营活动，形成了符合社会需要的物质和精神产品的需要。教育管理产生了美的需要，这种需要又推动与教会了管理者去按照美学要求管理教育行政机关和学校。其次，教育管理创造了美的对象。美的教学环境与工作学习环境，教育、教学、科研、生产手段、物质和精神产品等，都是通过劳动创造的，但又不仅是教育者、受教育者和其他各类教育工作者劳动的结果，而且还是教育管理者进行科学管理的结晶。没有教育管理，它们就不会具有审美属性。教育系统内部教育管理者、教育工作者和谐融洽的人际关系，具有完善人性和健全人格的受教育者，固然要在教育、教学、科研、生产和后勤服务等工作实践中形成和成长，但也要依靠教育管理实践，没有科学合理的决策、组织、领导、控制、创新，不进行既合规律性又合目的性、使各种职能有序运行的协调活动，教育系统内部就不可能形成愉快的"人和"气氛，受教育者也难以得到全面发展。最后，教育管理实践创造了人的审美能力。教育管理实践活动创造了美的需要，美的需要推动教育管理者、教育者、受教育者按照美的要求管理教育和创造美的事物。在这个过程中，同时也锻炼、提升了人的审美能力，创造出了懂得美和创造美的管理者、教育者和受教育者。凭借这种增强了的审美、创美能力，反过来又提高了教育管理水平和质量的创造能力，进而能创造出更多更美的事物。可见，教育管理实践的结果虽不一定都是美的，但教育管理美确实是教育管理这个实践活动创造的。这里所谈到的"美"，是指教育管理潜在的审美价值，它是教育管理实践活动的产物，而教育管理审美价值的现实生成与实现，则要依靠教育管理审美主体对教育管理的审美实践，它是在对教育管理的审美活动中完成的。

　　第二，教育管理审美价值的现实生成必须依赖教育管理审美主体的审美活动，即把教育管理客体的审美属性纳入主体的观照视野去体验、感悟、澄明，进入人的知性与意志交集、静观与投身相织的情感状态，教育管理才能真正现实地呈现出肯定与确证人的自由本性的审美价值意义，否则，正如马克思所说的"贩卖矿物的商人只看到矿物的商业价值，而看不到矿物的美和特性"一样，再好的教育管理活动，人不去进行审美观照与情感体验，也不能说它是美的或具有审美价值，因此，必须要对教育管理进行审美。现代社会非常强调"人生存于世界中"，在人的生存形式中，源于人的"心灵自由的需要"的审美已是基本的人生经验，审美活动以对主体存在的充分肯定为前提，以对人的价值的肯定为旨趣，它所创造的是一个个性丰满、生命充盈的人的世界。所以，"审美活动是人的一种最具本真性的存在方式"，只有在审美中，人所独有的本质力量才能最充分地显露出来；只有在审美中，人才作为与动物根本不同的完整意义上的人而自由地实现着自己；也只有在审美中，人才能把现实与理想、内在与外在、个人与社会完全统一起来，从而充分体验到作为一个人所应有的尊严和价值。在对教育管理进行审美的世界中，审美主体——人（包括所有参与并关注教育管理活动的人）如其所应是地、本真地生活着、经历着，他不是以现实的态度和征服者的姿态去实际地拥有对象，机械地、漠然地、功利地管理与被管理着，而是以应然的态度和全面的方式在从精神上占有对象的同时又超越着对象，在管理与被管理的过程中生动而激情地投入着、体验着、感悟着鲜活而丰富的生命内涵，进入到人与组织、人与社会、人与他人的和谐统一的审美状态，正是在这种状态中，人才真正体验到一种前所未有的、在机械而功利的教育管理活动中所没有拥有的自由感和解放感。"审美带有令人解放的性质"，在审美中存在的人乃是真正充实的具有内在丰富性的人，即自由的人。因此，所有参与教育管理活动的人——管理者、教育者、受教育者和其他教育工作者，不仅作为教育管理活动中的主体（人），而且也作为教育管理活动的审美主体存在着，只有这样他才能真正成为自由的人，教育管理的审美价值才能真正确立。

　　总之，通过以上分析，建立在马克思辩证唯物主义价值观基础上的教育管理审美价值的本质，就是教育管理这一能够促进人类自身再生产和促进社会发展的和谐有序的协调活动满足教育管理审美主体对人的自由本性需要的实践关系。具体来讲，就是教育管理作为审美客体的审美属性中，教育管理者智慧、品格、审美和谐统一的良好素养，教育管理协调活动的和谐有序而自主创造的运行，教育管理结果中对高效率与和谐人性追求的双重目标实现；

教育管理审美主体的需要中，对人的自由自觉的生命活动的需要；教育管理实践中，教育管理本身的合规律性、合目的性、合理想性的自由实践活动，以及在此基础上进一步提升的、最能体现人的本真存在意义的对教育管理的审美实践活动。三大方面共同构成了教育管理审美价值的本质内涵。简而言之，自由和谐的教育管理就是具有审美价值的教育管理，教育管理审美价值的本质就在于其自由和谐。

（二）基本特征

事物的特征是事物的本质的反映。在理解了教育管理审美价值的本质内涵以后，就不难了解教育管理审美价值的基本特征了。教育管理审美价值作为美的一种特殊存在形式，既具有美的一般特征，又有自身的特点。我们认为，教育管理审美价值具有五个方面的基本特征，即客观社会性、自由创造性、和谐有序性、情感愉悦性、功利实用性。

第一，客观社会性。美来源于人类的社会实践，是一种社会现象。教育管理的审美价值更是一种客观的社会存在物，具有客观的社会属性。教育管理的审美价值是在教育管理的实践活动中创造出来的，教育管理实践活动是人类社会的一种特殊实践活动，它所创造的审美价值之所以是社会的，是因为它不能离开教育管理这种社会实践的主体——人而独立存在。如果没有教育管理主体在特定历史条件下符合社会发展要求的实践，只有人、财、物、信息、时空这些客观存在的教育资源，那么这些资源就无法加以协调运用，其存在便与人类无关，不具有价值，不具有美；它之所以是客观的，是因为它不以人的主观意志为转移，如果没有对教育管理客观规律的把握，只是盲目地去实践，那便永远只能是一种"主观的、应有的"美，无法真正实现现代教育管理的合理目标，得不到实现或对象化，不能具有感性的现实存在，也不能有美。进一步地，"价值是客观的，这是确定无疑的。因为不仅外部世界是客观的，外部世界同人的关系是客观的，而且人的需要也是客观的，是客观地、历史地决定了的。"同样，审美价值是主客体的统一，是人类社会历史实践创造的产物，它根源于人类物质性的实践活动。主体的审美需要虽然表现为一种主观的形式，但却是在人类客观的社会实践活动中产生的，是被客观地、历史地决定着的。社会历史实践虽然是由具有意识和意志的人们的行动形成的，但它必须从自然和社会的客观规律出发，在与这些规律的适应中形成实践活动的客观结果，它是一种客观过程。所以，审美价值具有客观的本性。教育管理的审美价值是教育管理主体社会实践的产物，教育管理的社会实践是客观存在的现实活动，其产物是在社会实践基础上产生的客观存在物，所以，教育管理的审美价值是社会性与客观性的统一。不以人的意志为转移的客观社会性，既是教育管理审美价值的根本属性，又是教育管理审美价值的首要特征。

第二，自由创造性。人的本质在于人是自由创造的主体，其特性就是自由的有意识的活动。自由是对必然而言，是对必然的扬弃。在教育管理的实践活动中，一方面，教育管理目的服从于教育管理规律；另一方面，教育管理规律又制约着教育管理目的。于是，一方面，规律经过主体化，为教育管理者所掌握和运用；另一方面，目的经过对象化，使教育管理目的得到实现。教育管理目的和教育管理规律的和谐统一，使教育管理实践获得成功，人就在这规律与目的、真与善的和谐统一中摆脱束缚，得到解放，达到"自由"，教育管理的审美价值也就在此展现。人类自由自觉的活动总是带有一定的创造性。创造，是人类自由的主要形式。通过自由而有意识的活动，人不仅创造了世界，也创造了他们自身。人是一种处在不断地创造世界和不断地自我创造过程中的活的存在物，这是人不同于其他存在物的基本特征。创造是对现实的超越，是突破现状按照规律对事物的新状态、新领域、新方法的灵活而执着的探索和变革，教育管理是一种富有强烈的挑战性、创造性的活动，墨守成规、故步自封、机械呆板、恪守教条，是不能适应复杂多变的环境和人的多种层次的需要的，它需要教育管理者充分发挥想象力和创造力，运用智慧、意志、胆识和勇气去探索新的视域和新的境界，更好地运用规律科学地进行决策、组织、领导和控制，去变革现有的压抑人性、一潭死水、混乱无序的守旧状态，以进一步激发人的主观能动性和行为潜力，肯定和维护人的自由与尊严，实现组织目标和个人目标的协调一致，并引导教育向自由的境界提升。所以，教育管理应是一种极富创造性的活动。

第三，和谐有序性。美的事物和现象总是形象的，有自己具体生动的感性形式，"气之动物，物之感人，故摇荡性情，形诸舞咏"，没有形象（形式），就不可能有审美感受。对教育管理的审美活动也要建立在对美的形式的细致而又深刻的感受和体验上，那么，这一形式的集中体现就是和谐。教育管理是一种有组织的协调活动，这种协调活动的核心就是有序运行。有序运行是教育管理审美价值创造的根本要求，是教育管理审美价值实现的关键体现。有序运行的结果表现在形式上就是和谐，它包括各管理环节运行的和谐有序和螺旋上升，教育组织目标和个人目标在对立冲突中的一致和谐，教育组织系统与外部环境之间进行物质、能量、信息交换而达到的平衡和谐，教育管理者与被管理者之间的和谐，受教育者感性与理性、个性与共性、肉体与灵魂的完美和谐，教育管理审美主体与审美对象之间的和谐……这种和谐在教育管理过程中的最突出的特点是它的辩证性,即它不是各因素之间简单的适当均衡匀称,不是永无波动的稳定有序守恒,它是在有序—无序—新的有序链条中的螺旋上升,是在稳定—混乱—变革中实现的不断包含新质的和谐。这种和谐是对朴素和谐的辩证否定和扬弃,是在激烈的冲突和巨大的震荡中实现的"杂多的统一",是更高层次的新型的和谐。它以其丰富多样、生动具体的感性形式,体现着、展示着教育管理的审美价值,给人以丰富细致的、内涵深刻的情感体验,因此,成为教育管理审美价值的一个重要的基本特征。

第四,情感愉悦性。任何一个审美对象,都具有一种能感染人、愉悦人、令人喜爱的特性。美是具体可感的形象,它不是直接诉诸人的理智,而是首先诉诸人的感情,在感情上产生某种激动,获得某种情感上的愉悦和满足。车尔尼雪夫斯基曾做过这样的比喻:"美的事物在人心中所唤起的感觉,是类似我们当着亲爱的人面前时洋溢于我们心中的那种愉悦。我们无私地爱美,我们欣赏它,喜欢它,如同喜欢我们亲爱的人一样。由此可知,美包含着一种可爱的、为我们的心所宝贵的东西。"美的感染愉悦性来自人的自由创造的本质力量,是美本身固有的特点。马克思指出:"我在我的生活中物化了我的个性和我的个性的特点,因此我既在活动时享受了个人的生命表现,又在对产品的直观中,由于认识到我的个性是物质的、可以直观地感知的,因而是毫无疑问的权力而感受到个人的乐趣。"教育管理美是美的一种特殊形式,同样给人以愉悦、感染、陶醉和满足,因为它是按照美的规律所创造的产物,它显示了人的自由本性,是人的创造精神在教育管理中的自由飞扬,人们在教育管理过程中看到了自己的理想、智慧和才能,感受到了生活的情趣和人性的价值,体验到一种鼓舞和激动,能产生新的理想和动力。这种感染愉悦性虽因个人的审美趣味而呈现多样性和个性差异,但却是一种普遍的社会价值。它不依赖于某一个人或某一些人的主观感受和判断,而依赖于客观的社会实践。教育管理的审美价值产生于教育管理的客观社会实践,体现着主体自由的、能动的创造活动,包含着人在教育管理中的审美理想,肯定着主体的审美认识能力和实践活动智慧,强烈地、深刻地感染着、愉悦着教育管理的审美主体,使人在教育管理中心情舒畅,精神振奋,快乐满足,备受鼓舞。情感愉悦性既是美的一个基本特征,也是教育管理审美价值的一个基本特征。

二、教育管理审美价值的表现形式及其特性

(一)表现形式

美是有形式(形象)的,"一个没有形式(形象)的美那不是美"。建立

在实践基础上的教育管理的审美价值其具体的感性表现形式是什么？或者说自由和谐的审美关系在教育管理中是怎样体现出来的？究竟什么样的教育管理才是美的教育管理？我们认为，协调有序、高效、公正平等、个性化、超越，是自由的美学精神在教育管理活动中的渗透与运用，是教育管理体现出来的美的表现形式。

那么，这五个方面为什么是教育管理审美价值的表现形式呢？这里的依据是：美的精神即主体的自由精神，自由精神在教育管理中的和谐表现就是教育管理美，人在教育管理中的自由可分为主体自由、组织自由和个性自由，这三个方面的自由都有不同的感性表现。主体自由意味着教育管理主体能够摆脱规律的束缚，自主地运用和驾驭教育管理客观规律来实现活动的目的，它表现为"协调有序"和"高效率"，也就是说，只有在教育管理有序运行，获得高效率的过程中，才能实现教育管理的主体自由。它是教育管理主体与客体规律之间的和谐；组织自由意味着教育管理者和被管理者在教育组织的各种利益关系中能够摆脱他人对自己合法利益的不合理束缚，既实现自己的利益目的，又不损害和剥夺他人的合法利益，这主要表现为"公平"，它是教育管理中人与人之间关系的和谐；个性自由意味着教育管理者和被管理者都能摆脱外部强制力量以及自我内部产生的异己力量对自己的束缚和异化，能够按照自己的意志去支配自身的存在和发展，实现个体生命"自由活动"的内在本性的要求，它是人与自身的和谐，主要表现为"个性化"和"超越"。个性化是指教育管理者和被管理者摆脱模式化管理的强制束缚，实现被管理者的自由个性；超越是指人们摆脱自身内部产生的对功利物欲过度甚至疯狂追求的异己力量对自我的束缚而实现个性的自由（显然，这里主要是指教育管理者），超越功利而达到"物我"两忘的境界，是自由的最高境界。这样，由于教育管理中的主体自由主要表现为协调有序和高效率，组织自由主要表现为公平，个性自由主要表现为个性化和超越，这三个方面以和谐的感性形式共同确证了教育管理中人的自由精神，因此，它们就成为教育管理审美价值的表现形式。

第一，协调有序。协调有序是主体自由的一种表现，是教育管理主体通过认识和驾驭教育管理客观规律所达到的主体人与客观物之间的和谐。协调有序在教育管理中主要体现为三大方面：一是体现在教育管理过程的各个环节完整有序的运行上。教育管理是一个动态的活动过程，具体表现为一系列的环节和职能，借助于这些环节和职能，整个管理过程才得以实现，因此，开展教育管理必须首先执行各环节的职能并保证各环节的有序运行，而各职能的有效实施和有序运行要依赖于教育管理主体遵循教育管理客观规律、发挥自由创造精神才能实现。教育管理的职能主要是决策、组织、领导、控制、创新，在教育管理过程中，教育管理者的每一项工作一般都要从决策开始，经过组织、领导，到控制结束，并以创新作为原动力再开始新的管理循环。通过教育管理者科学与民主的决策、快捷与合理的组织、坚定有德行的领导、得力与有效的控制、开拓与变革的创新，使决策→组织→领导→控制→创新五个环节环环相连、循环往复，辩证和谐、螺旋式上升，从而不断推动教育管理向前发展。二是体现在教育组织与外部环境的协调平衡上。教育组织是一个通过与其环境的输入和输出来调节其生存状态的自我维持系统，这一系统需要建立开放的思维模式，需要为保持与周围环境的相对平衡而做出自我调整，"以促进智力的、政治的和精神的力量有机融合"，"在充满压力和不确定的条件下融合包括不同的力量的团结和联系、和谐与一致以及合作与共处。而且，当这种融合真正产生的时候，它就会产生五倍的能量"，面对复杂多变、迅猛发展的外部环境，教育管理者只有适应社会（社区）的政治、经济、文化、科技、人口等状况的要求，并不断地调整自己的管理策略和发展目标，对挑战做出勇敢而灵活的应答，使教育组织与外部环境处于能量互动的协调平衡状态中，才能保证教育事业充满生机与活力，即如迈克·富兰所言它能产生五倍的能量。教育组织与环境的协调平衡，正是教育管理主体在应答外部挑战的错综复杂的教育管理实践中自由创造精神的感性表现。三是体现在主体与学习工作环境的和谐一致上。教育管理中，主体根据教育和教育管理的目标，按照管理者、教育者和受教育者的需要，设计和塑造符合审美要求的学习与工作环境，使人生活在整洁、有序、文明、优美的校园环境里。环境之美是教育管理中的人按照审美的理想对环境自由创造的结果，无疑体现着人的自由精神；而人不仅创造了优美的环境，并且沐浴在这种环境中，赏心悦目，陶冶情操，人与环境处于和谐的愉悦之中。

第二，高效。高效是教育管理中主体自由的又一个表现，如果说协调有序主要是教育管理中主体自由的过程性表现的话，那么，高效就是主体自由的结果性表现。没有教育管理主体对教育管理客观规律的深刻认识和创造运用，要想获得高效是不可能的，所以，从一定意义上讲，高效的获得内在地肯定着人的自由精神。教育管理活动是一种有目的的对象性活动。作为一种对象性活动，"人并不满足于自己已经活动了或活动着，像悠闲地欣赏天边飘动的白云那样等待它自然而然地到达目的地。"为了有效地满足人的多方面的日益增长着的需要，人们必然要以各种手段追求更高的活动效率，但在最终和最高意义上，人类活动的效率追求并不是效率本身，它看起来是手段的追求，然而在本质上却是对目的——人类生存目的的追求。"人类文明的盛衰……就人自身而言,无疑取决于人的活动,取决于这种活动的方式、过程和结果,也取决于其中所体现出来的人的活动的效率。""人类社会的形成和发展,从古代、中世纪到近现代世界文明的巨大进步,离开人的积极活动,离开这种活动效率的提高,就会成为不可思议的。正是在这个意义上,可以说人类的每一进步都是人的活动效率的进步,都是由人类提高了的活动效率带来的,它是名副其实的推动人类社会进步的'看不见的手'。"那么,效率的追求和获得,从终极意义上讲,是对符合人类生存目的的善的追求,是活动主体驾驭客观规律的结果,这种真和善的统一以感性的自由的形式推动了人类文明的进步,就是美的创造。所以,从一定意义上讲,对效率的追求也是对美的追求。教育管理活动也要追求效率(包含社会效益),没有对效率的追求,教育管理就没有存在的必要。对教育管理效率的追求,首先要符合人类自身再生产和社会进步的需要,能够产生良好的社会效果,即合善的目的性,否则,效率再高也无任何意义,同时又必须驾驭教育和管理的规律,使教育管理更合理,更优化,这样才能使管理的速度更快,质量更高,即合真的规律性。这样,当教育管理者以最小的投入获得最大的产出时,这种真与善的统一既显示了教育管理主体用智慧改造客体的自由与创造,又以感性的自由形式体现了教育管理主体与客体的和谐、规律与目的的统一。所以,高效也是教育管理审美价值的一种表现形式。

第三,公正平等。公正平等是人类世代向往的理想生存状态,它代表着人与人之间利益关系的合理性,意味着人们在利益关系中的权利平等机会均等、待遇公平、对资源的合理分配和占有、对人格尊严的珍视和维护等。公正平等和人与人关系领域里的社会自由(表现在教育管理领域里就是组织自由)直接相关。教育管理中的组织自由,就是在教育组织的各种利益关系中,主体按照自己的意志去活动,从而在不损害和剥夺他人的合法利益前提下,实现自己的利益目的,它所达到的是人与人之间关系的和谐,那么这种和谐就是公平。所以,我们把公平看作是教育管理审美价值的一个表现形式。公平在教育管理中有着非常重要的意义,"通过公平的管理可以使人们形成并不断巩固和发展追求组织所期望的价值目标的信念",激励人的工作热情、主动精神和创造潜能。在审美活动中,当一个人或一个群体获得了权力保证、公正待遇和尊严维护时,公平就蕴涵了道德之善和对真理、正义、自由的追求,从而给予了人本身意义上的自我肯定,体现了自由解放的美学精神。"美是道德的象征",善且美,对人性的珍视和尊重就使公平具有了审美的品性。教育管理中的公平之美主要体现在两个方面:一是对所有管理对象的一视同仁和平等态度。这主要是指教育管理者平等地对待所有的人,并引导管理者与被管理者（主要是教育者）之间，以及所有参与教育过程的人之间相互尊重、互为支持、团结协作，建立民主平等的和谐关系。二是对教育资源在不同区域、不同部门的公平、合理分配。这两个方面共同构成了教育管理公平美的重要内容，缺一不可，它们能使管理者、教育者和受教育者感受到生活的公正与美好，更加激发工作、学习的积极性和创造精神，有助于建构保证公平的教育以塑造具有社会公平意识的优良人格。公平应是教育管理审美价值的重要表现形式。

第四，个性化。个性化是个性自由的一个具体表现，是人与自身关系的和谐。个性是指一个人的精神属性中区别与他人的、有积极意义的独特性。我们不能说凡是具有个性特征的东西都是美的，但可以肯定的是真正的美必然是个性化的东西。美国美学家桑塔耶那曾对艺术的普遍性要求提出过批评，认为："普遍性的要求是一种自然的误会，它要求人们具有相同的能力，但是世界上就没有两个人会具有相同的能力。"正是因为人的个性存在着差异，所以管理中要求充分关注人的个性，适才适所，对不同的人施以不同的激励方式，进行个性化管理。教育管理尤其如此，教育管理者在充分了解教师的需要、动机、能力、气质性格的前提下，采用不同的工作方式，保护和激发他们教学和科研的积极性与主动性，同时，更着重于引导和经营有个性的教育，因材施教，培养出有个性的受教育者。康德说过："他有个性，这在绝大多数场合下不但是说到他，而且是在称赞他，因为这是一种激起人家对他的敬重和赞叹的可贵性质。"没有个性的人呆板、肤浅、平庸，就称不上是审美的人。"所谓美的行为必须发自作为主体之作用者的人性本身，而且此时又始终是富有个性的。"马克思和恩格斯在《德意志意识形态》中指出："任何人类历史的第一个前提，无疑是有生命的个人存在。"在马克思看来，一个社会、一个群体，其成员越是缺少个性就越是没有凝聚力。他曾经把那些无个性个体的结合比喻为一袋马铃薯。如果不注重个性化的教育管理，就会抹杀管理者、教育者和受教育者的个性，这个教育群体就没有生机和活力，就会丧失前进的内在动力，最终就会成为一个死寂的群体。可见，个性化的教育管理对保护人的个性和形成个性化的教育是至关重要的。个性中蕴涵着自由的精神，而自由的精神就是美的精神，因而，个性化就是教育管理审美价值的一种表现形式。

第五，超越。超越意味着现实的人摆脱功利的过度束缚并按照自己的本性去活动和发展，从而成为个性自由的表现，它是人与自身关系的和谐。在审美活动中，对于物质欲望、功名利禄会保持着一定的距离，这一定的心理距离就是超越。美作为一种高层次的人类对现实的关系，显示出超凡脱俗的本性。美具有超越性，是人们关于审美判断的牢固信念。这一超越性在教育管理的协调活动中体现为：超越功利，超越等级。一般的管理活动始终把效率和经济利益看作至高无上的价值追求；但是，教育管理有它的特殊性。它既要通过管理者合理有效地利用资源以获得经济效益和社会效益，这种对有用、合理需要的适度追求，是教育管理审美价值功利实用性的表现（我们在这里强调适度追求，若是过度逐利，就违背了美的超越性），但教育管理更重要的是要关注教育是培养人的这一特性，而人是不能用金钱、物质、经济效益来衡量的，因此，教育管理必须超越功利，必须超越对纯经济效益的追求，在更高层次和境界里关注和促进教育对人性之美的建构。超越了功利，教育管理才有可能是美的。除此之外，教育管理还应超越等级。管理是通过组织机构和组织活动来实现的。组织内部因为职能的划分，拥有的权力和职责的不同，形成了一定的层次和等级系统，理想化的管理是权力和职责在这一等级系统中有序运行。但正因为等级的存在，恰恰助长了一些管理者高高在上的"官本位"意识，显示权威、姿态傲慢、滥用职权、有意刁难，形成了教育管理领域的压迫者和被压迫者，教师感受到的只是强制、束缚、压抑，对人性的扭曲和对尊严的摧残，是对管理者的厌恶与鄙视，而管理者也因对被管理者合理人性的剥夺而陷入人性的扭曲当中。如此，何谈管理之美！所以，教育管理者必须学会超越等级、超越权威、超越自我，摆脱功名利禄的束缚和羁绊，以真正服务于教师的管理理念来进行组织与领导。唯有如此，才能使教育管理活动具有超越的审美品性，成为教育管理审美价值的一种表现形式。总而言之，我们认为教育管理的美或者说自由和谐的教育管理是从协调有序、高效、公正平等、个性化、超越这几个方面具体体现出来的，它们是我们借鉴美学精神所审视并梳理出来的教育管理活动的五种审美形式。通俗地说，美的管理就是"好"的管理、"满意"的管理，而好的、满意的标准是什么呢？依照美学精神，好就是自由，是创造，是和谐，是真与善、合规律性与合目的性的统一，是最有效、最优化、最能确证人性的管理。这样的管理才会令人满意。显而易见，它富有浓厚的理想主义色彩。作为一种具有乌托邦色彩的"完美状态"，教育管理美的境界不可能在一朝一夕或某个时代实现，它是在历史与现实、现实与未来的辩证联系中通过人们对五种审美形式的历史性、反思性建构和自觉追求中逐步实现的。

（二）特性

我们说，美是以和谐的感性形式对人的自由精神的确证，上面的分析论证集中说明了教育管理审美价值的表现形式是和谐。那么如何看待和理解教育管理审美价值的和谐形式呢？我们认为，教育管理审美价值的和谐形式具有一定的特性，那就是辩证性。教育管理审美价值的辩证性指教育管理和谐有序的审美状态，是通过一系列矛盾范畴对立统一的螺旋式运动所形成的否定之否定的辩证和谐关系。这种和谐不是绝对的，是相对的，是发展变化着的。教育管理审美价值表现形式的辩证性源于三个方面：一是教育管理审美价值是客观实践的产物，而客观事物按其本性而言都是辩证的，是按照辩证法的规律存在和不断变化、发展着的；二是教育管理审美价值也是认识的产物，认识的发展进程客观上是一个主客体相互作用的辩证运动过程，按其本性而言也是辩证的，因此，教育管理审美价值也就具有了辩证的性质；三是教育管理审美价值的根本特征是和谐自由，它是人的自由精神在协调活动中的感性显现和确证。而人既是自由的，又是不自由的；和谐既是普遍的，又是相对的。自由与和谐都存在着内在的辩证性，这就从本质上决定了教育管理审美价值的表现形式必然具有辩证的本性。教育管理审美价值的辩证性表现为，教育管理的和谐有序并不意味着仅仅程序化、机械、呆板、规范操作、井然有序却死水一潭，而是建立在对立、斗争、冲突、激荡、变革中，是"无序—有序—无序—新的有序"的螺旋式上升的辩证和谐，是不断包含新质的更高层次的和谐。这种辩证的和谐体现在教育管理主体与教育管理规律之间、教育组织与个人之间、教育组织与环境之间、人与人之间、人与自身之间对立统一的和谐关系上，而这一切又集中体现在教育管理活动过程有序与无序的对立统一上。

总之，教育管理审美价值的本质在于教育管理协调活动满足人对自由本性需要的实践关系，自由和谐的教育管理就是具有审美价值的教育管理；它具有客观社会性、自由创造性、和谐有序性、情感愉悦性、功利实用性等基本特征；具体表现为协调有序、高效率、公平、个性化、超越；自由和谐的教育管理具有辩证的特性。通过对教育管理审美价值的本质内涵及其特征、表现形式和特性四个方面的揭示与诠释，我们基本上就可以理解教育管理的审美价值了。

第二节 对教师教育管理审美价值的分析

教师教育管理是具有审美价值的，虽然现实中人们不一定形成（或者说接受和认可）这种认识，但是对这一认识还需要进行挖掘与引导。那么，对教育管理具有审美价值的认识，我们是从"需要"与"可能"两个范畴来进行分析的。因为价值存在于客体属性满足主体需要的关系中，主体的"需要"是事物具有某种价值的关键所在；同时，事物只有具有某种属性，才能为满足主体的需要提供条件，才有"可能"具有某种价值，所以，我们从"需要"和"可能"两个范畴来分析教育管理何以具有审美价值。教育管理何以需要审美？要回答教育管理何以需要审美，必须首先回答人何以需要审美。因为教育管理主要是人对人的管理，是围绕人的世界在教育的领域而开展的协调活动，对教育管理的审美需建立在人对审美活动需要的基础上，人何以需要审美是教育管理何以需要审美的根源。教育管理需要审美还有其自身的特殊性。现代社会的教育管理在一定程度上提高了效率和社会效益，而且也开始重视树立以人为本的管理理念，但是，对人的自由本性的束缚与扭曲，对人的鲜活生命色彩的遮盖与压抑，造成了被管理者合理利益被剥夺、管理效率低下等种种弊端，也成为普遍现象和不争的事实。而与此同时，人在教育管理过程中对自由却存在着永不停止的渴望与追求，使人在这种较为恶劣的状况下对教育管理的审美需要更加强烈。审美活动自身的独特魅力对教育管理活动有着特殊意义，通过审美能够提升教育管理的境界，有助于恢复人在教育管理过程中自由自觉的生命活动的本色。

一、人需要审美是教育管理需要审美的根源

首先，从人自身的需要来讲，审美是人生命活动的必然需要。人，作为一种生命存在离不开其活动内在驱动力——需要，正如马克思所说"人的需要即人的本性"，谈到人的需要就要区分其自然需要和审美需要。人作为自然存在物，具有自然规定性，为保证生命存在，人必须满足其自然的生理需要，追求自然本能的生理快感是人类生命活动的基础和动力。但人之为人并不是由其生理性规定的。审美需要虽然以自然的生理需要为发生基础，但它本身主要是一种精神需要而非纯粹低级的生理快感。著名心理学家马斯洛对人的高层次的精神需要进行了充分肯定与分析，他在需要层次论中，把人的需要由低到高分为五个层次：生理需要、安全需要、爱的需要、尊重的需要、自我实现的需要。他认为，高级的需要是一种在种系上或进化上发展较迟的产物。越是高级的需要，对于维持纯粹的生存就越不迫切，其满足也就能更长久地推迟。从主观上讲，越是高级的需要，其满足越能激起合意的主观效果，产生更深刻的幸福感。虽然高级需要的满足比低级需要有更多前提和更多的外部条件，但通常人们认为高级需要比低级需要更有价值。高级需要的满足更趋近于自我实现，其追求导致更伟大、更坚强、更真实的个性。审美需要是人的较高层次的精神需要，马斯洛后来在尊重需要和自我实现需要之间补充了认知需要和审美需要，审美需要直接与自我实现需要相连。显然，审美需要是人的高级精神需要。

更精确地阐述需要层次理论从而使审美需要得到归位和落实的是马克思的需要理论。马克思主义把人的需要分成三个基本层次：即生存需要、享受需要、发展需要。关于生存需要，马克思指出："一切人类生存的第一个前提也就是一切人类历史的第一个前提，这个前提就是：人们为了能够'创造历史'，必须能够生活。但是为了生活，首先就需要衣、食、住以及其他东西。因此第一个历史回答就是生产满足实现需要的资料，即生产物质生活本身。"生存需要是一切需要中最基础的需要。但也必须看到，人为了满足生存需要而从事生产活动，一旦劳动起来，除生存需要外必然会产生狭义动物界根本不存在的完全属于人的享受需要和发展需要。"一有了生产，所谓生存斗争便不再围绕着单纯的生存资料进行，而要围绕着享受资料和发展资料进行"，也就是说，生存需要虽然是一切需要的基础，但并不只在生存需要得到完全满足时才出现享受需要，并非充分满足个体的享受需要后才滋生出发展需要。生存、享受、发展在实际的生活世界中本来是同一的，它们是有交叉性的。

人的生命活动首先是劳动，劳动在一般意义上不过是满足人的需要的手段，即通常所说的谋生手段，当人的生命活动仅仅是一种手段的时候，劳动还并不具有审美意义；只有当劳动成为人自身的对象，是人的需要和目的本身时，人才能从中真正得到享受和乐趣；只有当劳动成为人的一种自由自觉的追求时，它才具有审美意义。人类的审美需要同人类的物质需要一样都带有原发性。如果说审美需要有一个产生过程的话，这个过程只表明它是怎样超越原发性需要而上升到文化层次，即获得社会文化意义的。这个超越过程的标志，就是人的"乐生"需要从一种生理或本能的需要转换为自觉的对象性需要。人类的审美需要就是一种被意识到的、对象性的乐生需要。因此，"人类审美需要的产生过程实际上也就是人的生理性乐生需要逐渐被意识，被对象化的过程"。至此我们可以说，人需要审美，从人自身方面来看，就是因为审美是人生命活动的必然需要，属于人的精神享受和自我实现、发展的需要，而自由地表现和发展自己生命活动的需要作为一个完整的人的一种具有内在必然性的需要，是人的永恒的追求。

其次，从审美活动的特征来看，审美活动的独特魅力对人本身的发展具有重要意义。人在世界上生存，其自由的本性决定了"人类的生活方式在本质上应是自由的"，人应是活生生的和充满诗意地生活于基本的经验世界中，按照海德格尔的理解应是"诗意地栖居"。（非诗意的居住不是作为人的真正存在，人对狭隘物质利益的疯狂追求，对名誉地位权势的疯狂追求，在根本上违背了人居住的本性）。然而，在文明演进的过程中，由现实生存的人组成的这个基本的、诗意的生活世界却被扭曲了、被掩盖起来了。知识技能成为控制自然与人的工具，科学理性成为人们生活的主宰，现实世界已逐步演化为一个按一定的数字、概念、逻辑规定并组织起来的世界，在这个精心组织起来的世界里，人的生命灵性窒息了，人的本原的生活世界被掩盖了，结果科学化的世界反而成了真实的世界。这是一种生活世界与现实世界关系的颠倒。为重新展现原本的生活世界，就必须塑造一个"意想世界"来让人追求自由自觉的生命活动，还原人的生命本色，这个活动就是以审美为主要特征的活动。这样，审美活动就成了人的生活中划出来的另一个世界。审美相对于现实中机械组织起来的理性世界是一个美丽的梦想，但又是人之为人诗意生存的不可缺少的梦想，它以夸张、超然、感性的形式时时提醒人们摆脱当下沉重的现实世界，重返自由的精神家园。"审美是令人解放的，审美是使人超越的，审美是予人以自由的。在人与现实的诸多关系中，审美关系是最为美好的。审美是我们生活中不可缺少的存在。"审美活动之所以能吸引人们千百年来不懈地追求它，就是因为审美从总体特征来说是集中发挥人的主体性的活动，这种活动以人的活的生命特别是以人的情感为核心去实现人的自由，它以特殊的方式冲破心灵的束缚，引导人走向广阔的天地，对人的发展具有重要意义。人在审美的时候，心灵超越了外在于他的抽象内容，回到血肉之躯，人本身就是一种以审美为最高境界的自由存在物。审美是人格的投入与畅扬，它哺育着人格的成长。审美是人的渴望自由与发展的心灵对于不自由的现实世界的虚幻的超越。虚幻不等于不关注实际人生，虚幻的超越、瞬间的自由是对人心灵的抚慰。有了这样的抚慰，人可以在一定程度上从现实中超拔出来，苦难的人生也不至于太沉重。虚幻的超越可以成为鼓舞的深刻的精神力量。审美产生于人的实现自由的渴望，也不断激发起这种渴望，体现出人追求自由的本质，也强化人追求自由的本质。它立于不自由的现实世界的对立面，召唤人向着人的自由实现与发展永远前进。人有权利也有能力进行审美活动，人追求自由的天性在审美中才能得到一定的满足，虽然有时这种满足具有"虚幻"的性质，但这种虚幻的满足对人类生命的存在与发展来讲是非常有必要的，人类离不开审美活动。

总之，人需要审美，一方面是因为审美是"人的内在必然性"的一个高层次需要，另一方面是因为审美本身与人在自由境界的追求上无法分离，审美活动对于人的生存与发展具有重要意义。只有人才审美，才需要审美，审美只是人的审美，是人自由生活可能的一种方式。

二、教育管理需要审美有其特殊性

教育管理需要审美首先建立在人需要审美的基础上，人对审美的需要是教育管理需要审美的根源,同时,教育管理需要审美还有其自身的特殊性,这一特殊性主要体现在以下两个方面。

(一)人的地位在教育管理中特别突出

教育管理主要是人对人的管理,是围绕人的世界在教育的领域进行的管理。因为教育是培养人的特殊性指向,使教育管理与一般管理有所不同,一般管理是"人—人—物"模型,而教育管理呈现"人—人—人"模型,人的地位、人性的意义在教育管理中更加突出。人的审美需要是人的生命活动的必然需要,而教育管理活动中人的地位的突出,使教育管理中人自由地表现自己生命的审美需要更加强烈,人在教育管理过程中更加渴望自由、解放、享受、发展和实现自我。因此,从人自身来讲,无论是教育管理者还是教育者、受教育者都特别需要审美的教育管理。

(二)现实教育管理中的不良状态和种种弊端

人的自由本性决定了人应"诗意地栖居",教育管理在教育领域开展的协调活动的本质决定了它要通过和谐有序的管理活动来追求高效率。人性化与高效率的双重实现是教育管理的应然世界。教育管理中的混乱无序、低效率、不公平、模式化、过度逐利,是与人的自由本性相违背的,它造成了教育管理者与被管理者之间的冲突、对抗,导致了强制与服从的关系,人们在被管理的过程中体验到的只是不满、愤恨与压抑。这种不和谐的教育管理的实然状态使人应诗意栖居的生命灵性窒息了,人享受和发展自我的生命欲望被抑制了,人的本原的生活世界被掩盖了!为重新展现教育管理原本的应然世界,就必须塑造一个"意想世界"来畅扬人自由自觉的生命活动,还原人的生命本色。正如前面所说,人们摆脱当下沉重的现实世界重返自由的精神家园,需要由能够集中发挥人的主体性、以人的活的生命特别是以人的情感为核心,把实现人的自由的审美活动作为一种重要的拯救和解决方式,那么,教育管理丑陋、沉重、压抑的实然状态和众多的负面问题也需要通过审美活动来缓释和解决。对教育管理的审美正是我们塑造的还原教育管理活动本色的"意想世界"。审美是人的渴望自由与发展的心灵对不自由的现实世界的超越。教育管理实然世界中的一切弊端都源于对人的自由生命的蔑视与摧残,那么,通过审美,就可以重新唤醒人们在教育管理过程中长期被压抑的自由生命意识,避免"沉默文化"(culture of silence)对人的淹没,引导教育管理者在教育管理过程中,有意识地以保护和体现人的自由生命为根本前提,按照教育管理的规律,去实施协调有序、公正平等、个性化、超越功利的高效管理,尽可能去除混乱无序、不公平、模式化、过度逐利的低效、无效甚至负效率管理。对教育管理的审美需要，产生于教育管理过程中人的自由实现的渴望和被压抑人性的呐喊，它体现着人追求自由的本质，也强化人追求自由的本质。审美的教育管理立于不自由的现实世界的对立面，召唤人向着教育管理中人的自由实现与发展永远前进，这种对不自由的现实的超越可以成为鼓舞人们的深刻的精神力量。教育管理过程中人们追求自由的天性，在教育管理的审美中才能得到一定的恢复和满足，审美对教育管理中人的生命意义来讲是非常必要的。教育管理不能离开审美活动。

三、审美活动自身的独特魅力对教育管理有着特殊的意义

审美活动是以情感为核心、全面展开人性、实现人的自由的一种精神性创造活动，是人渴望自由的心灵对不自由的现实世界的超越。它对人自由实现的肯定主要表现为：审美使人实现精神享受对功利欲求的超越；实现个体生命对社会压力的超越；实现人对自身局限的超越。这种超越对教育管理的特殊意义在于：第一，对教育管理进行审美或者说实施美的教育管理，能够使人特别是教育管理者实现精神享受对自我功利欲求的超越。"审美的可贵在于人只有在审美中才可以视富贵如浮云，放弃功利欲求对人的束缚，自由流连忘返于一个冰清玉洁的世界"，超越是教育管理审美价值的一个重要表现形式。现实教育管理有时使人感到压抑、强制、不公平、不自由，重要的一点就是因为部分教育管理者、领导者利欲熏心，过度追逐功利，以牺牲他人的自由来获取私人利益。这对他人、对自己都是非人性化的不自由、不美的行为。如果教育管理者建立起肯定和维护人的自由的审美意识，进行审美化的教育管理，就能自觉超越自我，超越物质欲望、功名利禄的束缚和羁绊，真正以服务于教师、维护教师的合法利益和自由人性的理念进行教育管理，制订公平合理的教育管理制度，教育管理者和被管理者才能都获自由，进入一个超越自我功利欲求、公平合理、精神愉悦的世界。第二，对教育管理进行审美，能够实现个体特别是被管理者个体生命对社会压力主要是模式化管理的超越。审美活动最忠实于人的个体性，最关注人的主体性实现，关注人最丰富、最深邃的独特的精神世界。审美交给生活的强者一杆叛逆之旗，赐予生活的弱者一张逃亡通行证，也同时把一面明镜塞到卑鄙者手中。审美活动关注人的个性的特征，对教育管理具有重要意义。那么，对教育管理进行审美，能在一定程度上引导教育管理者在教育管理过程中，还原人的独特、丰富的个性。因为，在我们看来，个性化是教育管理审美价值的一个重要表现。当教育管理者认识并理解了这一点，就能有意识地通过重视个性的审美化教育管理，以个性差异为管理前提，因人而异，因材施教，百花齐放，异彩纷

呈，从而实现被管理者个体生命对模式化压力的超越。第三，对教育管理进行审美能够引导教育管理者创造和谐有序的高效管理并实现对效率的超越。审美是在自由和谐的关系中进行的，和谐是自由的标志，自由是和谐的确证；和谐有序是教育管理审美价值的重要表现。审美的教育管理首先就是要追求达到教育管理职能——决策、组织、领导、控制、创新的有序运行和各种关系的协调状态，在"无序—有序—无序—新的有序"的辩证和谐中，人的自由才得以肯定和确证。教育管理必须追求效率，没有效率不是美的教育管理，而有序运行是获得教育管理高效率的前提，辩证的有序管理可能取得较高的管理效率。然而，对于教育管理来讲，效率并不是最终追求，教育管理的终极指向是受教育者，这就要求超越效率，关注人性特别是受教育者的人性。而要超越效率这种社会性功利，正像要超越功名利禄的自我功利一样，也只有在审美中才能实现。对教育管理的审美活动既能使教育管理者实施和谐有序的高效管理，又能使教育管理者与被管理者都能超越纯效率的束缚，真正关注人性的自由与解放，这正是审美活动对教育管理的独特意义所在。

总之，教育管理需要审美，一方面源于审美是人生命活动的必然需要，另一方面是教育管理的实然世界中的人更加需要审美化的教育管理来还原其自由的生命本色。这种还原是通过两个方面的即时互动来进行的，一方面是教育管理者通过对美的教育管理的了解和理解，树立起肯定和表现人的自由精神的管理理念，通过教育管理科学合理的决策、组织、领导、控制、创新，创造实施和谐有序、公正平等、个性化、高效率、超越功利的美的教育管理，这是一个自由实践的教育管理审美创造过程，重在创造教育管理的审美客体；另一方面是主体对美的教育管理的审美观照，即感受、认识、评价，通过对优良的教育管理的审视、体验、感悟、欣赏、超越，从而获得精神愉悦与满足，重在审美主体的审美活动，这时，人才能感受到教育管理的美，才真正进入到心灵自由解放的境界。美本身存在于审美主体与审美客体的相互关系中，只有审美客体与审美主体互动联结，审美价值才能体现出来。审美的教育管理或者说对教育管理的审美活动就是在这两个方面的互动中进行的、完成的，它包含着这两个方面。由此我们认为，通过对教育管理进行审美，把教育管理提升到美的境界，可以在一定程度上解决现行教育管理所存在的问题与弊端，在一定程度上肯定人在被管理过程中的自由本性。当然，不可否认，以审美的教育管理来实现人的自由，带有一些"虚幻"的性质和"乌托邦"色彩，但这种"虚幻"的满足对于人在沉重压抑的现实世界里的精神抚慰，对于人在教育管理中追求自由的天性来说是非常必要的，不能因其虚幻而不去追求；作为一种具有"乌托邦"色彩的完美状态，不能因其遥远而不去设想。古希腊哲人柏拉图早在两千多年前就描绘了"理想国"，伟大思想家马克思也在19世纪就设计了遥远未来的共产主义理想蓝图，那么，现在对教育管理进行审美思考也是必要的。

总之，教育管理需要审美，教育管理离不开审美活动。

第六章 教师教育管理审美价值的效用

从客体满足主体需要的实践关系的价值论视角理解教育管理审美价值的本质内涵，在前面已做了探讨，这里侧重于探讨教育管理审美价值的效用问题。

第一节 教师教育管理审美价值的地位

教育管理审美价值的地位，是指教育管理审美价值在教育管理价值结构中的地位。教育管理价值主要有哪些？教育管理审美价值在教育管理价值结构中居于何种地位？对此，我们考察了几种有代表性的价值分类，以及对教育管理价值的看法，通过比较找出分类依据，说明我们的观点。

李连科在《价值哲学引论》中，根据主体需要的不同，把价值分为物质价值和精神价值两类，再将人自身的价值与之并列，单独列为人的价值，其中把精神价值又分为知识价值、道德价值和审美价值三种，"这三种精神价值，知识价值就是所谓'真'的问题，道德价值就是所谓'善'的问题，审美价值就是所谓'美'的问题。三种价值的统一，也就是通常所说的真、善、美的统一"。而"真善美的统一，标志着主体与客体的完整全面的统一；只有达到了这种统一，主体才真正以一种全面的方式，也就是说，作为一个完整的人，占有自己的全面的本质"。显而易见，李连科先生把真善美的统一看成是人的全面自由解放，是人发展的一种理想境界。同时，他又强调"自由是人的最高价值"，"人们创造巨大的、丰富的物质价值和精神文化价值，并充分享用这些价值，还不是人的最高价值，……只有人的自由和全面发展本身，才是人的最高价值目标。"这种分类给我们的启示是，真善美的统一和自由的价值、人的最高价值是一致的，三者的统一是价值体现的最高境界。

袁贵仁在《价值学引论》中，从价值客体的角度把价值分为物质的价值、精神的价值和人的价值，从价值主体需要的角度把价值分为功利价值、真善美价值和自由价值，认为功利价值是真善美价值的前提，真善美的统一与升华体现为更高层次的价值——自由。他认为真善美分别表示主体和客体相统一的三种状态和主体活动所追求的三种境界，它们相对于功利而言属于同一层次的价值，但就自身而言又表现出不同的层次性，其中，真是最基层的价值，美是最高层的价值。人经真—善—美而达到自由。

李德顺在《价值论》中，以客体满足主体需要为基本线索，把价值分为三类：一是按照价值关系的主体承担者——人的需要来划分，分为物质价值、精神价值和物质—精神综合价值；二是按照价值关系的客体承担者来划分，分为物的价值、精神现象的价值和人的价值；三是按照价值关系的成果来划分，分为真、善、美。这里，李德顺先生把真善美看作是价值实现的理想境界和最高成果。这些对价值的看法和分类，给予我们很大启示。一是要从客体满足主体需要为基本线索来进行价值分类；二是把真善美看作价值。李德顺、李连科、袁贵仁都把真善美作为价值来探讨，张岱年先生也说，人们经常谈论的价值，其中更根本的、基本的价值是真、善、美，认为真为认识的价值，善为行为的价值，美为艺术的价值，这在同类看法中具有代表性。三是真（知识价值）、善（道德价值）、美（审美价值）是人的精神价值的三种主要表现形式，人经真—善—美而达到自由，美是最高层的价值。教育管理自身的价值有哪些？黄崴教授认为，"教育管理价值问题是指教育管理实践中存在的管理客体对管理主体存在和发展的意义问题，也可以看作是管理主体所追求、赞赏、期望的东西"，他按照李德顺教授对价值分类的观点，认为"从教育管理主体的需要出发，教育管理的价值可分为教育管理的物质价值问题、教育管理的精神价值问题和教育管理的综合价值问题；从价值的存在形态来看，教育管理价值问题主要有物质存在的价值问题、精神存在的价值问题和人存在的价值问题；还可以从教育管理追求的境界或教育管理过程的价值标准，把教育管理价值问题分为真、善、美、自由等价值问题。教育管理过程如何成为真、善、美、自由的过程，这是每一个管理者要面对的问题"。这种认识和分类对我们有一定的借鉴意义。对教育管理自身价值的认识和分类，我们还可以从王坤庆教授和孙绵涛教授的研究中得到启示。王坤庆教授在《现代教育哲学》中对教育价值进行了深入的研究。他在国外教育价值分类研究中首先介绍了英美学者关于教育价值理论中的一个主要的分类方式，即从教育目的或功用出发进行分类，正如杜威所认为的，教育的价值就是教育对现实社会和人的生活所带来的益处，以人和社会为视角将全部教育价值分为两大类：教育的内在价值（理想价值）和外在价值（工具价值），前者重视教育对个人、个性发展的价值，后者重视教育对社会发展的促进作用。西方这种教育价值的两分法至今仍然被我国学者所沿用,同时在此基础上又进行了新的探索,在王坤庆教授看来,把教育的价值分为两大类:一类是教育在对社会存在、延续和发展需要的满足中体现出自身的价值;另一类是教育在对人的生活和人自身发展需要的满足中体现出自身的价值。"这种分类方法吸收了当代哲学重视人的主体意识的思想,将教育视为满足主体需要的客体,并从需要与满足关系上去加以分类,这是一种可贵的探索。"可以看出,按照人的发展需要和社会发展的需要划分教育的价值,是国内外的一种通行做法。那么,王坤庆教授在教育价值的分类中,也沿用了这一做法,同时又做了进一步的探讨。他围绕价值是"主体的需要和客体的属性二者之间的关系"这一核心概念,把全部教育价值分为两个层次(宏观和微观)、四大类。教育价值的宏观层次包括教育与社会之间的价值关系和教育与人的发展之间的价值关系;教育价值的微观层次包括教育中的人与人之间的价值关系和人与物之间的价值关系。这种划分比较清晰具体,有助于充分认识教育的价值。在这种划分中,宏观层次是对微观层次教育价值的规定和制约,微观层次是对宏观层次教育价值的具体反映和实现,无论宏观或微观,最终都是要促进人的发展和社会的进步,因此,从宏观的角度进行划分,对我们理解教育管理的价值有一定借鉴意义。借用西方和国内通用的两分法,也是为了避免过细划分引起歧义。这里我们把教育管理的价值分为两类,一类是重视教育管理满足人的发展需要的价值(内在价值或人本价值);另一类是重视教育管理满足社会需要的价值(外在价值或社会价值),孙绵涛教授在《教育管理哲学——现代教育管理观引论》中对教育管理价值的划分采用的就是这种两分法,我们在研究中吸收了他的观点。

这样,我们对教育管理价值的划分就有了一个比较清晰的思路。

(1)划分教育管理的价值必须以"价值的本质在于客体满足主体需要"为基点和核心。

(2)明确教育管理价值客体是教育管理活动,价值主体是人类社会包括个人和社会,那么按照教育管理价值关系的主体承担者——人的发展和社会发展的需要,把教育管理的基本价值分为两大类:人本价值和社会价值。

(3)按照主体被满足需要的性质分,教育管理的人本价值和社会价值又都可以再分为物质价值和精神价值。

(4)在教育管理的精神价值中,从精神价值的内容特征上可主要分为认识价值(真)、道德价值(善)、审美价值(美)。

（一）根据教育管理价值关系的主体承担者——人的发展和社会发展的需要，把教育管理的基本价值分为人本价值和社会价值两大类

"教育管理的价值是指教育管理对人和社会以及自然发展的效用，它反映的是教育管理这个客体同作为主体的人的个体或群体及其所置身的社会及自然发展需要之间的一种关系。""由于教育管理适应与满足自然环境的平衡与发展的需要，主要是通过教育管理在适应与满足人的发展需要及社会发展的需要中实现的，因此，我们可以主要从教育管理满足人的需要及社会需要两个方面来考察教育管理的价值。"孙绵涛教授对教育管理价值的认识和分类对我们有很大启示。从他的基本观点出发，我们认为，教育管理满足人的发展的需要，体现了对人的价值，这里的人主要是指教育管理者、教育者和受教育者。教育管理要满足人的发展需要是由教育来培养人的活动，而教育管理是为培养人而服务的活动这一内在规定性来决定的，因此，这方面的价值可称为教育管理的人本价值或内在价值。教育管理满足社会发展的需要体现出教育管理的社会价值，而教育管理的社会价值是通过人的发展去促进社会的政治、经济、科学技术、道德、文化等方面的进步体现出来的，因此，我们把它称为教育管理的社会价值或外在价值。教育管理对人的发展需要的满足是通过激励和引导教育管理者、教育者和受教育者主体参与教育管理活动和教育活动来实现的，那就是要遵循教育和教育管理自身的规律，把人视为积极能动的主体，而不是没有自主意识可以随心所欲地加以控制和束缚的对象，在教育管理中树立"人本"理念，依靠人本管理，调动教育管理者、教育者和受教育者的主体意识与能力，维护人的自由和尊严，满足人的合理需求，激励进取精神，培养健全人格，从而使他们的人性得到保护与和谐发展。教育管理对社会各方面需要的适应与满足，主要是通过教育工作来实现的，也就是说教育管理的社会价值直接表现在对教育工作的价值上，而教育管理对教育工作的价值，就在于通过教育决策、组织、领导、控制、创新等教育管理职能的科学合理运行，建立适应一定社会需要的组织机构及相应的规章制度，来保证教育工作有序化、规范化、效率化，从而促进社会的物质文明建设和精神文明建设，为一定社会的政治、经济、文化等发展服务，促进社会的进步。

（二）按照教育管理主体人和社会被满足需要的性质，教育管理的人本价值和社会价值又都可以再分为物质价值和精神价值

人的发展是人的生理发展和心理发展的有机统一，因此，人的需要既包括人的物质利益需要，也包括人的精神生活需要，是物质需要和精神需要的

有机统一。教育管理的人本价值是教育管理满足教育管理者、教育者和受教育者对衣、食、住、行等物质生活需要的物质价值和满足人的精神需要的精神价值的统一；社会的发展，既包括社会的物质文明建设，又包括社会的精神文明建设，也就是说，社会的需要也是社会发展的物质需要和精神需要的有机统一，分别体现在社会的政治、经济、科学技术、道德、文化等方面的发展上。教育管理的社会价值是教育管理满足社会物质文明建设需要的物质价值和满足社会精神文明建设需要的精神价值的统一。

（三）在教育管理满足人和社会的精神需要的精神价值中，从精神价值的内容特征上可主要分为教育管理的认识价值（真）、道德价值（善）、审美价值（美）

教育管理的精神价值可分为教育管理满足个体对真、善、美需要的精神价值和教育管理满足社会对真、善、美需要的精神价值。个体与社会的精神需要既有一致性又有差异性。个体与社会是两种有着不同价值观的主体对象，他们对于教育管理的精神需求，如对真的认识、对善的理解、对美的评价，因立场、角度不同可能存在差异，个体与社会之间有着对立和冲突。但是，"人是一切社会关系的总和"，个体是生存于社会的个体，社会又是个体组成的社会，无论教育管理者、教育者还是受教育者都无法脱离社会而独立存在。教育管理对个体的精神价值包含在社会中，对社会的精神价值教育体现在个体中。学校和社会对真、善、美的需要只有符合了教育管理者、教育者、受教育者的需要，教育管理才可能真正有助于学校和社会的发展，而教育管理者、被管理者个体对真、善、美的理解只有与学校、社会的需要相一致，教育管理活动也才能有意义地促进个体的发展。所以，从逻辑上讲，人本价值中教育管理满足个体精神需要的精神价值与社会价值中教育管理满足社会精神需要的精神价值虽然存在差异，但在根本上是一致的，其一致性在于个体和社会都追求人的自由和社会自由的不断丰富与扩张，凡是对人的自由发展和社会不断进步有利的教育管理活动，就是真的、善的、美的。社会历史实践是检验这一点的最好证明。那么，教育管理怎样才能既满足人的发展的需要又满足社会发展的需要呢？人本价值和社会价值是怎样实现统一的呢？二者整合统一的标志是什么呢？根据我们的分析，人本价值和社会价值是教育管理的两大基本价值；每一种基本价值里又分别包含了物质价值和精神价值；精神价值主要体现为真、善、美，美是真与善统一并超越的主体自由的最高价值。那么，当人本价值达到了满足个人发展的精神需要的美的境界，社会价值也达到了满足社会发展的精神需要的美的境界时，两种价值之间就沟通了，融合了。在美的境界里教育管理的人本价值和社会价值实现了整合统一。因此，我们认为，教育管理的美（审美价值）是教育管理的最高价值，它引导教育管理的人本价值和社会价值的统一实现。

这里需要注意的是，教育管理的审美价值和一般的审美价值一样，都是相对于一定的主体而言的。同样的教育管理，对教育管理者、被管理者或教育组织，也许具有不同的意义。如个性化管理，在某种条件下从教育管理者的角度来讲，太强调个性化不利于统一管理，但从教师个体来讲，不注重个性就是不尊重人的自由，就不会有美感。这只能说明审美价值离不开审美主体及其状况，而并不是说审美价值没有其客观本质和规律。不同的审美主体得到的审美体验，哪个是正确的呢？"审美价值与任何其他价值一样，虽然具有历史的相对性，但也具有一定的客观标准能够帮助人类社会提升到更高的水平，决定社会不断前进，符合社会历史发展规律，使人的全面发展和社会自由得以丰富和扩展，就是真正的审美价值。"这给予我们的启示是，教育管理审美价值本身就是一个价值判断问题，不同的主体因审美需要不同会有不同的审美体验，但它同样有一个客观标准即以自由人性为评价标准，在教育管理中，实现了"主体在教育组织中的个性自由"，有利于教育管理者、教育者和受教育者的自由全面发展，有利于代表社会要求的教育组织的发展和社会的进步，就是教育管理的审美价值。

第二节 教师教育管理审美价值的意义

教育管理审美价值的效用源于一般审美活动所具有的价值效用。一般审美价值的效用就在于对人的真正本性的确证，具有唤醒人的自由自觉本性的功能。我们可以通过审美活动的特殊性，从审美活动是人最具本真性的存在方式中加以理解。

首先，审美活动是人类重要的活动方式之一，审美活动不同于人类其他活动的突出特点就在于，它根本上是一种整体性的、以心灵感知和情感体验为表现的内在生命活动和独特精神活动，是人与世界的本己性精神交流。所谓审美是一种最具本己性的活动，就是说，审美是一种最符合人性尊严，也最能体现人的本真价值的自由的生命活动。它既不是由某种外力所决定、所强制，也不是理智刻意追求的结果；它既是一种摆脱了肉体必然性对人支配的活动，也是一种摆脱了对"物"的绝对依赖性的活动。审美活动不仅使人从日常世俗、受到局限、操劳繁忙的存在状态中解放出来，进入自由的生存状态，而且也使对象物从被支配、被肢解、被遮蔽的状态中解放出来，以其独有的新颖面貌向人敞开。在审美的世界中，人要以自己内在具有的自由创造的本性去创造一个属于人的对象世界以确证自己的存在，这时，对象物体不再是作为一个独立的实物而存在，而是作为具有自身丰富意义的符号对象而存在，审美引领人进入一个概念难以穷尽、语言无法言说的意味隽永的诗意的世界。因此，从根本上说，审美活动是人与世界在精神上的一种交往与对话，是人与世界的本己性精神交流。

其次，审美活动是人最具本真性的存在方式。人在本质上是实践着的存在物，人在活动中存在，人的活动多种多样，而审美活动是最能体现人的本质特点的一种活动方式，那么，从人的存在角度来看，这也就意味着审美活动是人的最具本真性的一种存在方式。所谓最具本真性，即是说只有在审美中，人所独有的本质力量才能最充分地显露出来；只有在审美中，人才作为与动物根本不同的完整意义上的人而自由地实现着自己；也只有在审美中，人才能把现实与理想、内在与外在、个人与社会完全统一起来，从而充分体验到作为一个人所应有的尊严和价值。人在审美活动中的存在，不同于在日常生活中的存在，它是从平庸、世俗、模式化的世界中超拔出来的一种超越性的存在方式；人在审美活动中的存在，不同于在异化活动中的存在，它是从被奴役、被强制的生活状态中解放出来的一种自由的存在方式；人在审美活动中的存在，不同于人的现实功利存在，它是从赤裸裸的功利追逐中超脱出来的一种理想的应然的存在方式。因此，审美活动是以比较纯粹的精神活动形式，集中表现着为人所专有的一些本质属性，它可以说是一种深蕴着饱满的人性意味和丰富情感内容的人的真正的存在方式。

审美活动的特殊性和最具本真性的存在方式，使审美价值的效用凸现了其人性意义。

审美是一种最符合人性尊严、也最能体现人的本真价值的自由的生命活动，是"一种灵魂的解放，和摆脱一切压抑和限制的过程"。审美活动本身所展开的是一个属人的世界，并且这个世界也仅仅只为人而存在。人在审美活动中，从日常操劳着的世界进入到一个深蕴着生命意义的独特世界。他既是从生活世界中暂时的退出，又是向生活世界更深处的突进。退出，是他在审美活动中摆脱了与实际人生直接的利害关系，对由名缰利锁交织而成的功利网络的一种暂时的超脱；突进，是他带着实际人生刻印在他心头的全部经验，带着他在日常生活中悲欢离合的所有经历而走进了审美的世界。因此，在审美中他越是能够无所为而为地去观照，他就越是能够使自己全部的人生积累都充分地释放出来，而他越是无条件地把自己都交付于他所观照的世界，他也就越是能本真地面对这个世界。正是在与世界的这种直接的照面中，平时在有限的功利活动中被遮蔽、被悬置起来的人生意义问题，才会真实地向他突现出来。这时，他不是用理智去把握这种意义，而是以情感去拥抱这种意义，"我们享受着这种魅力，而在这样给我们满足的同时，审美特质对我们成就了一种特殊的价值，这种价值不是由冷漠的判断来评价的，而是我们直接感受到的。它使我们产生一阵新的强烈情绪，这种情绪现在真的成了一种快感，由眼前的景象所引起的喜悦和安逸，一阵'沉醉'——就好像沉醉于浓郁的花香中一样"。在情感的付出中，他获得了一个完整的世界，成为一个完整的人。

审美价值的人性价值效用，在许多美学家、哲学家那里都得到了肯定。康德将人的审美能力视为联系人类精神世界中认知能力与道德信仰能力的纽带，从而也就肯定了审美活动对人类精神世界完整性的价值功用。席勒明确地将审美活动作为把片面的人锻炼为全面完整的人的冶炉，并把审美活动天真地赋予了社会变革的功能。黑格尔将审美活动看作是人类自我意识的一种特殊方式，是绝对精神自我复归过程中的重要一环。费尔巴哈将艺术看作是表现人类此岸性即现实的具体人的最佳方式。叔本华将审美活动视为摆脱人生痛苦的手段，在他看来，人活着就是痛苦，而在审美中，人处于"自失"状态就忘却了痛苦。尼采也把审美活动看作是宣泄一种人固有的悲剧情绪的方式，把艺术视为人对自身生命的肯定方式。马克思批判地吸收了这些思想的精华，他所肯定的是审美活动固有的人性价值。在马克思那里，真正的审美活动永远是"自由自觉的生命活动"，是"有意识的生命活动"，审美活动是人的本性的最充分、最直接的体现，因此，审美活动就具有明显的人性价值：一方面审美活动满足了人在实践中产生的自由自觉活动的需要，另一方面又因在这种活动中确证了他固有的天性而使人感到精神愉悦。这两个方面就是审美活动人性价值的本质。审美价值的独特意蕴就在于，它不仅为人构筑起一个意味隽永的精神家园，使人在现实中被压抑的各种愿望得以自由抒发和表达，而且使人深刻地体悟到做人的价值、尊严和崇高的使命，从而鼓起人们追寻理想的激情，激励人不断去创造自己的生活意义。"通过审美，主体的生命得到了陶冶和洗礼、提升和拓展，仿佛有一种新的生命在他的灵魂中诞生，他变得丰富和充实，比以往更加热爱生命，更自觉、更强烈地要求创造自己生命的价值；通过审美，主体仿佛被赋予了一双更加敏锐和深邃的目光，正是这种目光，不断引导他越过重重功利的网络，去重新诗意地理解世界和人生，而且引导他越过种种现实的屏障，去直接观照理想和未来。总之，通过审美，在使主体的精神得到升华的同时，也得到重组和塑造，他将以新的姿态重新返回现实并改造现实。"总之，审美价值的效用，就在于它对人的真正本性的确证，它具有唤醒人的自由自觉本性的功能，具有十分重要的人性价值。

毋庸置疑，教育管理审美价值的效用也在于其对于人性的意义。教育管理的审美价值同样为参与教育管理活动的主体，主要是教育管理者、教育者、受教育者提供了一个属人的价值世界；在这个审美的世界里，人的主体地位、价值尊严、生命意义是核心，无论是教育管理者或是被管理者都能以自由的精神和情感的体悟创造和拥抱一个有人性意义的管理世界，摆脱压抑和控制，获得自由和解放，回归人应然的最本真性的存在方式。教育管理者能够超越功名利禄的羁绊，超越摧残自由生命、强制服从的异化管理，使自己由"压迫者"变为"解放中的人"，自觉尊重和维护教职员工的合法利益与平等权利，以人类的理想塑造一个审美的管理世界和一个人性化的教育环境与氛围，这也是对自我价值和尊严的尊重；教育者能够自由地抒发和表达各种被压抑的愿望，当家作主、民主参与的义务和权利，而且更能在教书育人中，充分肯定和激发受教育者的主体意识和人之为人的自由本性，用理想和激情创造自己生命的价值，"变得越来越像人的本来样子"（马斯洛）；受教育者在这样一个独特的审美世界里，能够以其乐生存在的本能和对生活的热烈向往，充满激情地投入体验在完满生成的教育生活世界里，身体与精神协调，理智与情感交融，感性与理性统一，个人与社会和谐，自然与人类共存，真正成为完整、自由的人。个性在完整中得到张扬，尊严在自由中得到珍视，生命在和谐中得到解放，本性在共存中得到体现。教育管理者、教育者和受教育者的人性意义都得以充分彰显，真正使教育管理的世界成为属人的世界，人们在教育管理中自由地最具本真性地存在着、生活着、工作着、成长着，这就是教育管理审美价值的价值——人性意义。

第三节 教师教育管理审美价值的终极指向

在我们的研究视野中，审美教育是什么意义上的教育呢？第一，从教育管理的指向来讲，既然教育管理的审美价值是教育管理的最高价值，美的教育管理是教育管理的最高境界，那么这种教育管理所营造的教育也应该是美的教育或审美的教育；第二，从教育的内在规定性来讲，教育是塑造人的社会活动，而人是按照美的规律来塑造的，那么，教育就逻辑必然地是深蕴美的精神的教育；第三，从审美活动的独特意义上来讲，审美根本上是基于人类要求完整而全面地表现自己内在本质力量的独特生命需要，以追求完满自足的人生为最高目的的一种自由的超越性活动，那么这种活动在教育中有意识、有计划地组织和渗透，一方面能在受教育者动物式的感性物质欲望中灌注进理性的精神，另一方面又能使受教育者抽象的理性形式获得生动具体的内容，这样就可以消除人性的分裂状态，实现教育的目的——人性的完满与和谐，这样的教育就是审美的教育。教育只有提升为这种审美的教育才能实现人类理想的教育目的。因此，这里所说的审美的教育就是指教育整体的美育化，即以美的自由和谐精神、美育陶情冶性的卓越品质涵养和优化教育的全部过程和整体水平，使教育自身得到解放，成为真善美和谐统一的存在。这种解放，是将教育的全部内在潜力和一切积极力量充分释放出来，激发出来，是将美育的全部卓越品质内化给整个教育，它开掘的是教育原本内蕴着的"源头活水"，是建立教育从最低点向理想的制高点不断迸发的动力。

一、实施审美教育，首先要实现教育目的的美学转化

教育目的的美学转化，是指教育目的应改变过去仅仅培养人的道德品性，或仅仅传授知识、训练技艺或强健体魄，而应转化为蕴涵美学精神，全面整地培养健全的人格，塑造和谐理想的人性，使每一个人都有一个趋向理想完美的生命，都能自由、全面、和谐地发展。教育应该具有美学目的，教育的目的应该体现美学价值。

（一）教育具有美学目的应然性与实然性

教育的美学目的，既反映了作为社会生活主体的人对自身发展的追求，也反映了社会对人的发展的需要，二者有着内在的统一性。首先，对美的追求是人的本性所在。从心理学角度讲，人对美的追求是以其内在审美需要为动因和根据的。现实世界中，人有各种需要，"他们的需要即他们的本性"。马克思主义把人的需要分为三个层次，即生存需要、享受需要、发展需要。发展需要就是表现生命力、实现自我的需要。马克思指出："富有的人同时就是需要有完整的人的生命表现的人，在这样的人身上，他自己的实现表现为内在的必然性、表现为需要。"自我实现的需要作为一个完整的人的一种内在必然性的需要，是人的一种永恒的追求。美国当代心理学家马斯洛也把人的需要分为五个层次，即生存需要、安全需要、爱与归属需要、尊重需要、自我实现需要即发展需要。在马斯洛那里，自我实现的需要也就是"一种想要变得越来越像人的本来样子，实现的全部潜力的欲望"，属于最高层次的需要。审美的需要虽然在不同层次的基本需要中都有可能萌发、产生，但"对美的需要与人的自我形象有关"，美有助于人变得健康、和谐，因此，人对美的追求和需要是与自我实现的需要相联系的。"从最根本的意义上说，人类的

审美需要是从属于发展需要的,换句话说,审美的需要是随着人类发展自身的需要而产生的",归根到底是生命的一种内在的自然的需要。这是人类求美性的心理学基础。同时,马克思所揭示的"人也按照美的规律来建造"的原理,又为人性的追求提供了美学和人学基础。马克思指出:"动物只是按照它所属的那个种的尺度和需要来建造,而人却懂得按照任何一个种的尺度来进行生产,并且懂得怎样处处都把内在的尺度运用到对象上去;因此,人也按照美的规律来建造。"在这里,"任何一个种的尺度"即客观规律性(真),"内在的尺度"即主观目的性(善),按美的规律建造,就是指人既掌握客观规律,又具有合理目的性,追求成为全面和谐发展的新人。而且,人的心理结构是由知、情、意三个方面构成的,人在认识中(知)追求的是真,人在道德(意)中追求的是善,但人的行为不仅受认识的支配和道德的约束,还要受情感的影响,人在情感过程中追求的是美。当人们把美作为目的和理想来追求时,就可以在真与善、认识与道德、现实世界与理想境界之间架起一座由此达彼的桥梁,从而实现真善美、知情意的和谐统一。这种和谐统一是美的极致、美的最高境界,是人性的永恒、根本的追求。其次,教育的美学目的反映了社会对人的和谐发展的需要。19世纪中叶马克思在深刻地分析了资本主义人性异化的片面状况之后,更加科学地论证了"通过人并为了人而对人的本质和人的生活,对对象化了的和属人的创造物的感性的占有……人以一种全面的方式,也就是说,作为一个完整的人,把自己的全面的本质据为己有"。跨入21世纪,在中国走向现代化的今天,就更应该继承并深化先哲们关于人的美学思考。社会的进步就是人类对美的结晶。在现代化过程中,一个国家、民族及其成员的创造力发展如何,在很大程度上要看是否善于对美的素养加以培育和激发。艺术教育家周玲荪直言:"我国实业不发达的缘由,除大家认为缺少资本、机器、人才三端外,还有一个很重要的条件,与实业息息相关的就是美育。原理是办实业者预先经过美育的陶冶心纯神怡,对于业务自然奋发猛进;否则,便可以失之奢侈、挥霍,易为外物引诱。二是办实业者必具美术思想,其产品含美术之味,销路广大;否则,可能失之粗略、笨拙,难以发展。由此可见,我们既要振兴实业,那么对于实业界的美术知识和美术训练,还可等闲视之吗?"面对现代物质生活的冲击和挑战,面对人的精神的提高与发展,面对"应试教育"下人格缺失的现实与悲哀,中国的教育必须加以审视与理性反思,必须给予人格和谐的美学目的以应有的崇高地位,使审美教育确实发挥出使物质和精神的现代化高度融为一体的特性。这是时代的呼唤!

教育的美学目的,不仅具有逻辑分析的应然性,还具有历史发展的实然性。这可以从历代教育家关于教育目的的思想中得到反映。对人的和谐发展的向往，对真善美的追求，在古代哲人的思想和著作中已有不少记载。中国古代思想文化高度发展的春秋战国时代，诸子百家争论中的不少课题都与此相关，中国古代教育目的还具体提出通过"六艺"，使受教育者在知、情、意、行各方面得到和谐发展。在古希腊的文明中，真善美也是思想家热衷谈论的课题，教育目的中也出现了"三艺""七艺"的不同说法，力求培养智力、道德、美感、体魄和谐发展的人格。文艺复兴运动中，人文主义者用人性对抗神性，不仅使古希腊文明中对真善美的追求重新在人的理想境界中浮现，而且用科学和艺术的辉煌成果将和谐发展的理想人格装扮得更加丰满和诱人。文艺复兴之后，人的和谐发展几乎为近代西方每一个进步思想家所推崇，成为贯穿在近代西方文明中的崇高理想。而最早把美学作为教育目的论的哲学基础，把美学目的纳入教育目的范畴的则是德国古典哲学的创始人康德。康德提出了在真善美的追求中，实现自然向人生成这一重要哲学命题，并将此作为教育的目的。他从人的认识能力、道德实践能力和审美判断能力三个领域考察人的特点和本性，认为要使受本能驱使的自然人转变为能够自觉运用社会规范来支配行动的道德的人，不能单纯靠道德规范来约束，更有效的办法是通过对美的追求，强调审美在促使自然向人生成中的重要地位和作用，从而把美学从文艺理论和文艺心理学提高到沟通真与善、认识论与伦理学的桥梁的哲学高度。康德以美学目的论为纽带，把认识和伦理学沟通起来，建造成世人瞩目的批判哲学大厦，这一大厦金碧辉煌的屋顶就是和谐人格——真善美在道德理想中的统一。德国古典美学家席勒继承了康德哲学的批判精神和真善美统一的伟大哲学信念，进一步从社会现实与人性发展之比较研究中揭示了审美教育的性质和使命。他立足于劳动分工，考察了古希腊与现代人格的差异，运用理想人性的法典，直接而尖锐地抨击了资本主义发展所导致的人的全面异化，主张通过审美教养来恢复完美的人性，认为要把"感性的人变为理性的人，唯一的途径是先使他变为审美的人"，因为正是通过美，人们才可以达到自由，只有审美的趣味能够给社会带来和谐，只有美的观念能使人成为整体，一切其他形式的观念都使人分裂；更具历史意义的是，席勒改变了以往教育家把美育作为德育手段的做法，提升了美育教育目的整体地位，指出"有促进健康的教育，有促进认识的教育，有促进道德的教育，还有促进鉴赏力和美的教育。这最后一种教育的目的在于，培养我们感性力量和精神力量的整体达到尽可能和谐。"席勒所追求的理想人格不是康德的那种只具有纯粹理性的超感性的人，而是现实和理想、物质和精神、个体和整体、感性和理性、有限与无限相统一的和谐的人，他的一系列美学、美育的深刻思想，不仅是美学与教育价值尺度的观念变革，而且成为此后教育目的论王国中一部不可不读的经典。马克思主义创始人科学论证的人的全面和谐发展的光辉思想，在真善美关系中对前人的历史性超越，更是教育目的论历史的长河中史无前例的伟大创举。由此可见，教育的美学目的是逻辑分析与历史发展的统一，是应然性与实然性的统一。

（二）实现教育美学目的目标建构

和谐美学认为，美是和谐自由的关系。和谐主要是指关系的协调。马克思曾说："凡是有某种关系存在的地方，这种关系都是为我而存在的；动物不对什么东西发生关系，而且根本没有'关系'……""为我而存在的关系"，就是指作为主体的人与社会、自然、自身等因素的复杂关系，按照和谐美学的观点，和谐主要是从这些复杂的关系中，从特定的主体身上体现出来的，因此，"关系"——厘清主体与这些因素的关系，引导主体在这些关系中的情感与行为导向——就是我们进行目标建构的视角与核心。《情感教育论纲》提出了情感教育目标建构的三种思路和方法，其中的关系——建构法为我们提供了启示和借鉴。实现美学为目的的教育其目标建构原则也是找出个人在世界中的基本的关系系列。人的生命在这些关系系列中永恒地存在着、生成着、完善着。按照辩证唯物主义的世界观，我们把个体与世界的关系分成五大系列，它们是人与自然、人与社会、人与他人、人与操作对象、人与自我。实现美学目的的教育根据这五大系列建构自己的目标。

1. 人与自然的和谐

要体现出对自然界命运负责与对人类文明命运负责的一致性，具体包括引导受教育者感受并欣赏自然界中优美、和谐与崇高的事物，培养与自然美好的一体感、协调感和眷恋之情，反对对美好自然的人为破坏、掠夺与征服；爱护自然中的一切生物，尊重生命，保护资源，把"人—物"和"人—自然"作为道德共同体而倾注关心。在协调人与自然的关系上，渗透对自然界的审美观与可持续发展意识是教育的核心。

2. 人与社会的和谐

现代社会里，人与社会的关系可以衍生出很丰富的层次，具体有引导受教育者热爱养育自己的故乡和祖国；对集体事物有义务感、责任心，信守诺言，热情务实，并常常从为集体服务和履行职责中感受到生存的意义与乐趣，形成集体荣誉感、亲和力与凝聚力；增进与不同文化背景的其他阶层、个体的沟通与理解；富有正义精神与民主意识，关心政府决策，关心民族命运，关心世界和平，关心人类公正。在协调人与社会的关系上，培养受教育者热爱人类、善于创造社会之美的情感与行为是教育的核心。

3. 人与他人的和谐

人与他人的和谐是世界上最基本的关系。人（我）与他人是两个有原则区别而又相互关联的价值中心，可以说所有存在的具体方面都是围绕着这两个中心分布的。教育应考虑以下这些目标：引导受教育者学习识别、判断、体察他人的情绪、情感，对他人富有同情心，并且善于识别、判断他人通过情绪、情感反映出来的对自己的要求、期望与评价，从而调整自己的态度与行为；减少攻击心理，有仁慈、宽容和体谅之心，培养与人友好、合作共事的和谐、乐观豁达的性情；尊重他人的私有权和精神世界，这是文明社会发展的新的道德价值。在协调人与他人的关系上，教育的核心是以真实、接受的理解条件建立起民主平等、协调融洽的师生与同学关系，以增强人格和谐的感染力与动力。

4. 人与操作对象的和谐

教育过程中，人与操作对象的关系主要表现为受教育者对待教育内容、教育手段等客观对象的情感与行为，具体包括善于发掘并欣赏教育内容的审美价值，引导受教育者在社会科学与自然科学的优美意境、绝妙推理中获得愉悦和升华；培养对知识的认识与探索兴趣，直至进入专注、迷恋和入神的情感状态；顽强执着地追求真理，欣赏人自身战胜困难的力量和善于创造性解决问题的智慧，对自我崇高感持审美态度；重视教育手段的客观特征和固有程序，在操作过程中严谨细致、一丝不苟；操作对象的多方面意义越来越需要去挖掘，唯有发自内心的关注才能发挥足够的力量去把握和拥有存在的具体性和多样性，而不使客观对象变得贫乏和公式化。在协调人与操作对象的关系上，引导受教育者欣赏并创造内容与形式和谐统一的过程美是教育的核心。

5. 人与自我的和谐

在整个教育体系中，提高自我是最重要的。自我是向外求索与向内求索的统一，成熟的自我感是对自己负责和对社会负责的一致性的体现。具体说来，可以建构以下目标：引导受教育者热爱生活，享受生命，乐观坦荡，谦和自知；学会合理、有度地控制情绪，学会控制由挫折引起的矛盾，善于调节现代生活造成的紧张感与恐惧感；自尊自爱，具有强烈的主体意识，善于依靠自己的勤奋努力，以及与他人的相互学习和友好合作而获得进步与成功，实现自我提高、自我发展、自我完善。在协调人与自我的关系上，增强受教育者的主体意识与自我适应感是教育的核心。

二、实施审美教育，要重视创造教学美，组织丰富多彩的课外活动

审美教育是一种有组织的教育活动，其组织形式多种多样，如家庭美育、社会美育、学校美育等，其中，学校美育是最基本的形式。这里我们主要谈谈学校里的审美教育。在学校里，教学是最主要的人才培养途径，学校工作以教学为主，因此，在学校里实施审美教育必须首先要追求和创造教学美。

美是自由和谐的关系。在社会实践中，对象对人的自由本质的肯定，或者说人的本质力量的对象化，以感性形象激起人们的愉悦和享受，便体现了美，具有了审美价值。教学也是人类的一种实践活动，是一种以传授知识为中介促进人和谐发展、健康成长的特殊的实践活动，这种实践活动体现出人的自由创造性，使人在感性形象的观照中获得情感的愉悦、心灵的净化，这时美就进入了教学领域，成为教学美。黑格尔认为，美学是"艺术的哲学"。哲学基础是美学的灵魂，任何方面的美学研究都不可代替美的哲学研究，教学既已纳入美学的范畴，对教学美的思考就不能离开哲学的视角。这里我们对教学美进行了两点哲学思考。

（一）教学美的构架

人按照美的规律来建造，教学作为人类的一种特殊活动也是按照美的规律来进行的，教学美是审美关系在教学领域的特殊反映。审美关系的形成从本质上来讲是一种认识过程，依照哲学认识论原理，认识是主体对客体的能动反映。认识既不起因于一个有自我意识的主体，也不起因于业已形成的会把自己烙印在主体之上的客体，它起因于主客体之间的相互作用。这种作用发生在主体和客体之间的交换过程中，因而既包含主体又包含客体。这就是说，审美关系中既包括审美主体，又包括审美客体。教学美的审美主体是教学中的人，主要是指学生，因为学生是被塑造、被培养的人，是感受美的主要角色，作为渴求知识、欣赏自由与创造的生动个体，对美有着本质内在的追求与渴望。教学过程是求知和求美相统一的过程。马克思曾指出，社会的进步就是人类对美的结晶。人类的一切认识活动和创造活动，实际上是一种对美的追求过程，没有主体对美的追求就没有美，没有学生对美的渴望就没有教学美。审美主体的求美性是形成教学美的一个内驱力。审美主体也即审美接受主体，按照接受美学理论，"在创作过程中，作者赋予作品发挥某种功能的潜力；在接受过程中，是由读者来实现这种功能的潜力。如果无视接受者的积极作用，作者赋予作品的某种功能的潜力，作品的社会意义和美学价值就不能显现出来"。从这个意义上说，接受过程也就是再创造的过程。教学美中的审美接受主体，不是被动地接受美，而是积极地参与美的创造。审美

主体的创造性是形成教学美的又一个动力因素。教学美的审美客体,主要是指教师以及教师创造的教学流程。美学哲学认为:"人类通过社会实践,一方面在对象世界中能动地、现实地复观自己,创造了美的客观对象;另一方面人又在他所创造的对象世界中直观自身,肯定了自身的本质力量,创造了能够欣赏美的审美主体。"教师在教学美的审美关系中具有多重身份,既是创造美的主体,又是审美主体,还创造了美的客观对象,是学生欣赏的审美客体。作为审美客体,教师首先以其形象美设计与人格美内蕴的完美统一体现审美的属性,正如恩格斯所言,这种客观存在"带着诗意的感性光辉对人的全身心发出微笑",同时,教师对美的教学内容的生动揭示,对和谐的教学流程的创造设计,使审美主体感受到生命的律动、自由的欢愉,从而体现出教学的审美价值。审美主体对审美客体并不是直观映照。马克思主义哲学的中介理论认为:"一切差异都在中间阶段融合,……一切对立的东西都经过中间环节而互相过渡。"马克思强调要从作为主体的人同对象之间的关系的特殊规定性,即从两者的"天然中介"中探讨美,这种"天然中介"首先现实地表现在人的实践中,人的实践在主体与客体之间架起了一座桥梁,使主体与客体形成一种对象性关系,"当人类通过生产劳动,创造出一个对象世界,使自身的本质力量在这个对象世界中得到确证,并通过生产劳动产品的感性形态显现出来,从而使人们在这种感性形象的观照中获得情感上的愉悦,这时,对象性的关系就具体化为一种审美关系。"因此,推动审美主体和审美客体双向建构的中间环节是审美实践。教学美的审美实践就是教学过程中师生之间的教学交往,即以体现人的本质力量的知识、能力、语言、活动为中介的主客体的相互作用,是师生互动的自由创造过程,是师生间的情知交流过程。由此可知,教学美是由审美主体、审美客体、审美实践构架而成的有机整体。由审美客体到审美主体,不是一个简单的从物的信号到主体做出反应的单向运动,而是一个双向往复回流的反馈过程。具体地说,教师按照自己的审美理想,创造了教学中美的因素,具有求美性、创造性的学生在美的氛围、美的形象的观照中建构了审美心理结构,反过来又通过自身的能动活动改变了审美客体的规定性,促进了教师审美理想的完善和创造美意境的深化,从而更进一步地丰厚了学生的美感和个性,双方在教学交往的审美实践中,以创造性的劳动体现出师生自由本质的力量,以出神入化的和谐与情理交融的愉悦表现出主客体的同构,从而形成了真正意义上的教学美。

(二)教学美的创造

马克思主义哲学认为,客观世界是无限多样、不断发展变化的物质存在,其中每一事物的存在和运动过程，都具有内容和形式两个方面，是内容和形式的有机统一。按照马克思主义哲学观去认识美，美作为感性的具体形态，是一个多层次的立体结构，是美的内容和美的形式的有机统一。美的内容是在具体形象中显现出来的人的本质力量，美的形式是显示人的本质力量的感性形式，美的事物所蕴含的人的本质力量和它的感性形式是密不可分的。因此，教学美也是美的内容和美的形式的有机统一，创造教学美，就是创造教学美的内容和美的形式。既然教学美的构架中审美客体（审美对象）主要是教师及教师设计的教学流程，那么教学美首先体现在教师美的内容与形式的统一上，即教师的风度美与人格美的统一。风度美是教师外在美的综合体现，是教师的行为举止与仪表姿态在空间活动中留下的轨迹，也是人体形象的流动和延伸，它总是以形式美的定向显现留在学生的视觉感官中，体态的沉稳端庄，手势的精当得体，目光的炯炯有神，服饰的整洁素雅，发型的简洁大方，都能从直观形象上给学生以审美感受。人格美是教师美的内蕴和核心，是教师美中最动人心魄的力量，光明磊落的品质，纯洁高尚的情操，丰富渊博的学识，卓尔不凡的才智，对真善美的执着追求，对学生的真诚关怀，对教育事业的无私奉献，都放射出美的光彩，给学生以心灵深处的愉悦和震撼。内外和谐的一致美是最完整的美，教师应追求和创造这种美。教学美的内容和美的形式的统一更重要的是体现在教学过程中。首先，教师要善于运用简洁流畅的语言揭示教学内容的美，形成学生美的意境。教学内容具有丰富的审美因素，人文学科中，栩栩如生的形象，生动凝练的语言，含蓄深刻的哲理，优美隽永的意境，令人陶醉，酣畅淋漓；科学课程中，严谨入微的逻辑推理，天衣无缝的精美结构，和谐简洁的无穷层次，精巧有致的对称排列，令人惊叹，余音绕梁。教学内容的美是客观存在的，只有予以挖掘和揭示，以感性形态观照于学生的审美感受中才能体现出其美的本质，因此，教师要善于创造美的教学内容。其次，教师还要善于创造美的教学结构，即创造反映教学内容的形式美，这种美应以体现人的本质力量的自由创造为至高宗旨，创设问题情境，变换教学手段，引导主体参与，追求展收相应，张弛有度，详略得当，断续有节，浓淡相宜，雅俗共赏，使教学情态时有气吞山河气概，时有满面含春之雅，时有拔地而起之动，时有寒塘映月之静，在多样统一的和谐中体现出美的节奏、美的韵律，从而使情感愉悦，精神满足，身心欢畅，灵魂陶醉，达到美感的极致，这是教学美创造的最高境界。

  教学美的创造是创造美的主体教师对教学的一种有意识、自觉的美化活动，这种活动是按照一定的规律来进行的。首先，合规律性是创造教学美的前提。列宁曾说,"外部世界、自然界的规律,乃是人的有目的的活动的基础",马克思也强调"内在尺度",认为人懂得按照任何一个种的尺度来进行生产,并且懂得怎样处处把内在的尺度运用到对象上去,这种"内在尺度"就是规律。人类的实践活动,只有在符合客观世界的规律性(真),以它来规定自己的活动时,才能创造出美的事物来。创造教学美也必须符合教学的客观规律,正确处理好间接经验与直接经验的关系,掌握知识与发展智能的关系,传授知识与陶情冶性的关系,教师主导与学生主体的关系,使教学成为简约性教学、发展性教学、教育性教学、相长性教学,唯有如此,教学才符合"真",才能为教学美的创造提供基石。其次,合目的性是创造教学美的依据。人类的一切实践活动,都是为了实现和满足某种需要与目的,"目的活动不是向着自己,……而是为了通过消灭外部世界的规定性(方面、特征、现象)来获得具有外部现实性形式的实在性"。人类依照主体实践的需要、目的和尺度,能动地改造现实性,给自己构筑世界的客观图画,只有当人类的实践活动符合人类的需要和目的,与社会发展规律相一致并推动社会进步时(善),才可能创造出美的世界。教学美的创造也必须符合教学活动的目的和受教育者个体发展的需要。教学之根本在于促进个体的成长,受教育者个体有着身心自由、全面发展的内在必然要求,这种必然要求与社会进步需要的健全人格相吻合,即道德伦理结构、知识能力结构、审美心理结构、身体素质结构的完满与和谐,教学唯有以此为最高目的,才能成为"善",善是美的依据,正如亚里士多德所言:"美是一种善,其所以引起快感正因为它是善。"符合善的要求,教学才可能成为美。最后,合理想性是创造教学美的根本。人类的美的创造活动离不开审美理想,它是人们在对象中实现自身审美理想的创造实践活动。审美理想作为人类对美的憧憬和追求,是创造者创造审美对象的理想蓝图,是激励美的创造的内在动力,它以追求真与善的统一为最高准则,推动人类对客观世界进行合目的、合规律的美的自由创造。审美理想既是与现实的对立,又是对现实的超越,在扬弃被否定的审美关系中,不断深入与升华,从而推动人们创造出最愉悦人、感动人、震撼人的美。

  课堂教学的许多课程都与审美教育有着密切的联系,当然,每一门课程在具体的实施过程中,又都在内容和方法上各有特点。音乐课不仅可以训练青少年听觉的灵敏、活跃力,还可以训练表达声音美的能力,激发和丰富他们的感情,培养和提高他们的审美情趣,净化和铸造他们的心灵。中小学的音乐课,通过教唱儿童歌曲、民歌等,引领学生进入音乐形象所表达的意境,深入领会歌曲的思想内容和曲调,获得音乐的美。此外,还可以通过音乐欣赏课,让学生聆听世界名曲,进行美感教育。美术课通过练习临摹画、命题画、图案画、写生画及美术欣赏等，不仅可以训练青少年对线条、色彩、形状的视觉敏锐性，还可以培养他们对形体、比例、空间、透视、色彩的认识；不仅可以丰富他们联想和想象的能力，还可以诱发他们表现和创作的欲望。语文课不仅要从思想教育和知识教育的角度来确定教学的任务，而且要从美育的角度给学生以艺术的熏染。思想教育、知识教育与美育互为表里，相得益彰，这样，语文课才能丰满厚实，主体交叉，有声有色。在语文课中，要让学生体验到叙事作品中的人物形象、艺术传达、节奏韵律、深远意境的美，还要感悟到诗的激情和散文作品的行云流水、舒展自如之美，从而提高语言表达的能力和审美素质。当他们在生活中有所闻有所感时，就可以调动自己的能力，激活自己的灵感，挥笔落纸，抒发情怀，这就是语文教学中的美之创作。在自然科学的教学中，也存在着审美的因素，需要教师去挖掘。如果教学中教师不仅讲解了客观事物的内部规律，而且注意引导学生掌握事物的外部状貌和形式规律，那么，展现在我们面前的就绝不是索然无味的公式，而是一串串令人赞赏赞叹的珍品了。事物的形式具有和谐、简洁和对称等素质，从这一角度看，每一个数学公式、每一条几何定理和物理定律，都能使人感受到形式的美。例如，圆周长和半径之间就存在着一种简洁、绝妙、和谐的关系。欧几里得平面几何体系的推理也是如此严谨、合理和美妙，12岁的爱因斯坦就曾被其逻辑推理美所深深感动，并影响了他的科学活动。难怪19世纪德国大数学家魏尔斯特拉斯说，如果一个数学家不具备诗人的某种气质，他就永远休想成为一个大数学家。此外，几何课堂教学中对点、线、面、体的规律的讲解，科学课中对于山川湖泊等地形地貌的介绍，对生物形体及各部分的讲解等，都有助于发展学生的色彩感、形体感、线条韵律及构图感，都有助于"以美引真"，使学生受到美的熏陶。

学校的审美教育，除了通过课内的教学活动进行外，还应该在课外安排各种各样的活动，作为课内审美教育的继续。艺术美是现实美的诗化体现，是审美教育的中介环节，学校可以通过各种途径，丰富学生的文化生活，培养学生对艺术的兴趣和欣赏艺术的能力。如开展影评、制评、参观美术展览、组织合唱队、舞蹈队、诗歌朗诵组、戏剧表演组、美术组、文学创作组、举办艺术节等活动。大自然的美犹如立体绘画，是青少年忘情驰骋、陶冶性情的广阔天地。要把大自然作为学校的第三课堂，有计划地组织夏令营、冬令营、游览名胜古迹，或到大自然中做系列考察活动。由于这些活动是根据青少年的特点，依本人的兴趣自愿进行的，因此，应聘请校内外有关人员作指导，教会学生审美地玩，在玩中培养他们高尚的情操和理想。

审美的教育作为人类从愚昧走向文明过程中全方位提升人的精神境界、引领人不断走向自由的活动，其根本目的就是要培育作为未来理想社会新基础的自由而全面发展的人、审美的人。人性的完整与丰富就是美、自由，"只有更具有人性的名字才是最自由和崇高的存在。只有同时既消除了自然规律的物质强制又消除了道德法则的精神强制，在同时围绕这两个世界必然性的更高概念以及由这两种必然性的统一中，他们才能获得真正的自由"。自由是人摆脱了物质必然性与精神必然性而达到的人性完满的一种表现，是感性与理性的统一与协调；自由的人，就是审美的人。马克思说，"共产主义是自由人的公社"，"人以一种全面的方式，……作为一个完整的人，占有自己的全面的本质"。这里说的自由的人、完整的人，就是理性与感性相统一协调的审美的人。作为一个完整的、审美的人，就是具有优化的道德结构、最佳的智能结构、健康的生理心理结构、敏锐的审美能力结构，具有完善的个性魅力、自由地超越精神和炽热的理想追求的人。

因此，教育管理审美价值的终极指向是经由审美的教育而达到审美的人。

第七章 教师审美情趣的培养和提高

教师审美情趣具有个人爱好与职业素养双重意义。就后者而言,审美情趣对教师所从事的工作至关重要,它直接影响到教育教学工作的质量和效果。

审美情趣是一个人综合素质的体现。在接受教育的全程中,在生活环境的濡染中,在社会主流价值观的支配下,审美情趣就在不知不觉中渐渐形成了。它不像从事专业学习那样,开始就有明确的目标、周密的计划,而且步骤井然地去完成。审美情趣在很大程度上,是属于一种"副产品"。但这种"副产品"又带有主体所受教育的鲜明烙印。爱因斯坦忙于物理研究,但是小提琴技艺相当纯熟;苏步青身为数学大师,古诗词造诣颇为深厚……生活环境中的文化氛围,对形成个人审美情趣具有催化作用。例如,旧时北方农村的女子,无论是大闺女,还是老妇人,无不热衷剪纸艺术:一把剪刀,可裁出六畜兴旺,万紫千红;再如,先前上海弄堂里一些文化程度并不高的普通家庭妇女,手制的小人衣装,那式样的新颖、色彩的协调,总是准确地传达了大都会的时代美。他们未必有专业艺术的学习机会,她们的这种审美情趣、审美眼光与审美创造的能力,通常来自生活环境中的文化熏染,或者说是大美学氛围的长期影响。

由此可见,审美意识虽然是人类总体意识的一种历史积淀,带有某种先天因素,但更多的是后天获得。因此,审美情趣固然是在潜移默化中形成的,但并非不能作为一种自觉追求的生活目标。

第一节 秉持健康的生活态度,保持稳定的生活品位

一、美的情趣,与生活息息相关,密不可分

19世纪俄国著名美学家车尔尼雪夫斯基对"美"做出的定义就是"美是生活"。"任何事物,我们在那里面看得见依照我们的理解应当如此的生活,

那就是美的；任何东西，凡显示出生活或使我们想起生活的，那就是美的。"

一个热爱生活的人，他一定也是爱美的；同样，一个爱美的人，他一定也是热爱生活的。"美趣"与"生趣"就是这样一种互为因果的关系。有了"生趣"，自然会对社会万物予以更多的关注，并且随时随地有自己独有的视角和独特的发现。

同样一个辛弃疾，有人奉若神明，有人不以为然。但是，无论奉若神明还是不以为然，都是个人审美情趣的表达。情趣首先来自个性，个性来自对生活的感受，感受来自对生活的兴趣，兴趣来自内心的热切。

所以，"爱生活"是产生审美情趣的第一前提。

其次是审美情趣高下的问题。在传统的审美理论中，一直有一组矛盾存在：有人认为"趣味无争辩"——萝卜青菜，各有喜爱，并不表明萝卜或青菜谁更高雅。喜欢小夜曲是一种审美趣味，喜欢交响乐并不值得非议。苏东坡的文章有人喜欢得如痴如醉，重性灵、反泥古的清朝学者袁枚在《随园诗话》卷七之九十二中对东坡"大加贬斥"："东坡诗，有才而无情，多趣而少韵。由于天分高，学力浅也。有起而无结，多刚而少柔，验其知遇早，晚景穷也。"——在袁枚眼里，苏东坡不仅文章写得不怎么样，人品也那么不可信赖：怪不得他成名很早、晚年不幸。谁又能认定袁枚"审美趣味低下"呢？

但是，审美情趣有高下之别，是因为审美不仅仅与客观对象有关。

昔者弥子瑕有宠于卫君。卫国之法：窃驾君车者罪刖。弥子瑕母病，人间往夜告弥子，弥子矫驾君车以出。君闻而贤之，曰："孝哉！为母之故忘其刖罪。"异日，与君游于果园，食桃而甘，不尽，以其半啖君。君曰："爱我哉！忘其口味，以啖寡人。"及弥子色衰爱弛，得罪于君，君曰："是固尝矫驾吾车，又尝啖我以余桃。"故弥子之行未变于初也，而以前之所以见贤而后获罪者，爱憎之变也。（韩非子《说难》）

这是韩非子《说难》中的一个寓言。弥子瑕曾经是卫君的宠臣。还在年轻貌美的时候，弥子瑕做过两件事，一是擅自驾驶君王的马车回家看望他生病的老娘，二是把咬了一口的桃子送给卫君品尝。当时君王啧啧称赞，认为弥子瑕之所以矫诏用车，是因为太过孝顺老娘的缘故，而把咬了一口的桃子交给国君，那正是他舍己为人的表现。等到弥子瑕年老色衰，卫君想起这两件事，觉得矫诏用车，那是胆大妄为，将吃了一口的桃子交给国君，那是欺君罔上。同样的弥子瑕，同样的事件，审美对象没有改变，审美判断前后迥异。韩非子说，那是情感改变了而已。情感一变，即便审美对象依旧，审美判断可以完全不同。可见，在审美的过程中，审美情趣受很多主观因素影响。

这就是关键所在。当审美仅仅停留在感官阶段，比如吃、喝、看、摸层面的时候，趣味无争辩。但是如果审美判断涉及感情、信仰、精神生活等人类文明的内涵，审美趣味就有真假雅俗之分了。

《三国志·陈登传》记载了这样一个故事：许汜是当时的名士，曾经和刘备一起在荆州牧刘表处闲坐，大家一起品论天下人。许汜说："陈登这个家伙，纯粹一江湖之士，满身豪横之气，丝毫不加检点。"刘备问刘表："许汜说得对吗？"刘表说："要说不对，许汜君是个善士，不会说虚假的话；要说这话对，陈元龙可是名重天下的人呀。"刘备转身问许汜："你说陈登豪横，有什么例证？"许汜回答说："我曾经遭遇战乱，路过下邳，去见陈登。他一点也不客气，很长时间对我不理不睬，自顾自上大床睡卧，让我这个客人睡下床。"刘备说："您有国士的名声，现在天下大乱，皇上不能执政，希望您忧国忘家，有一点救世之心。可是您呢，整天忙着求购土地，到处询问房产价格。这是元龙所忌讳的做派，他凭什么跟您说话呢？如果当时是我，我会自己睡在百尺楼上，而请您睡地板，哪里只是上床下床呀。"

求购土地、询问房产，这没什么不对。但是天下大乱之时，"忧国忘家"的情怀，显然比"求田问舍"的"抱负"更为豁达和慈悲。

二、审美情趣的高下，往往与"更善"相关联

这是因为，"人类"虽然是一个大概念，但也是一个空概念。"人类"中的每一个人，都不足以单打独斗地对抗来自外界甚至自己带来的威胁和风险，所以人类要结成同盟。靠什么结成同盟？靠约定。小团伙有小团伙的约定，小家庭有小家庭的约定。但是，怎样才能结成更大的、能保障更多人的同盟？就是依据更多的人的利益建立的约定。"歃血宣誓"是一种约定，但是保护的只是"兄弟帮"；宗教教义是一种约定，保护的是特定信仰的子民；法律是一种约定，保护的是全体国民；"公俗良序""仁爱之心"是一种基于更多人更大利益的约定，所以，在道德和善的层面上，它是一种更高的道德和更大的善。

于是，基于更高的道德和更大的善之上的审美趣味，被默认为更高雅的趣味。

同样的"快感"，苏格拉底认定来自肉体的快感是"灵魂的坟墓"，是因为精神的快感更接近精神层面；颜回"一箪食，一瓢饮，在陋巷，人不堪其忧，回也不改其乐"，不把物质层面的享受放在眼里，一心沉浸在精神世界之中。颜回的表现得到孔子赞美，都只是因为"精神""安贫乐道"更接近"德行"的层面。

管宁和华歆一起在园中除草，无意中从地上翻出一个金块，管宁无动于

衷锄草依旧,华歆欣喜不已拾之而起。看到管宁安然淡然的样子,华歆勉强把捡起的金块扔回原处。二人同坐一席读书,有个戴高冠坐华车的家伙从门前经过,管宁读书如故,华歆却放下书出门观看。从此管宁割断席子不愿意和华歆同坐,并且表示不再是华歆的好友。(《世说新语·德行第一》)金块是好东西,高官厚禄更是自有其价值。但是,在管宁眼里,德行比物质更为重要,"安贫乐道"比"追名逐臭"更有品位。

但是,即便同属"精神"层面,趣味也有表里、高下之辨。基于更大范围和更高程度的"道德"和"善",其审美趣味也会显得更为高贵。《左传·襄公十五年》记载,宋国有个人得到一块宝玉,急吼吼跑到京城献给子罕,子罕却拒不接受。献玉的人说:"我把它拿给雕琢玉器的人看了,雕玉的人认为这确是宝物,我才敢把它献给您。"子罕说,我不是不相信这是块宝玉,只是你以这块玉为宝,我以"不贪"这个"品德"为宝而已。

喜欢宝玉,其审美趣味自然不俗,因为美玉有君子之风和厚重的光芒。但是,即便它有外在的光泽和内在的品质,在"不贪"面前,它也立即失去光辉。因为"不贪"是更高的道德和更大的善。

消费时代,人们喜欢追求 LV、百达翡丽。这些品牌的文化意义高于它在做工、造型、颜色上的意义,而做工、造型、颜色上的意义又超过它的价格、新潮程度上的意义。但是,如果"只买贵的,不买对的",以炫耀为追求,其审美趣味自然等而下之了。因为,"使人成为奴隶",是一种人类文明层面的危险和精神毒素。

值得注意的是,不是说高雅趣味就一定是高大上的趣味,细小的个人感受就是"俗"的趣味。人类追求公共道德,但是公共道德是"个人情感"上的一种依附。"真诚""淡远""精神上的自我救赎",常常是"个人感情"背后隐藏不见的"善"。所以,保持自我,也是一种值得珍惜的生活情趣。

我一直喜欢树,希望能到处栽树,希望自己就是一棵树,期待自己死后能有一棵象征自己的树。我在乡村长大,从小与树木为伴,眯上眼睛也能说出哪个地方哪一棵树的样子,只要不长毛虫,不盘踞青蛇,每一棵树都由衷地喜欢。小时候别的本事没有,爬树的本领却一等一地强。回母校意外发现我当年栽下的树在旧桩上长出新枝,当场激动得热泪盈眶。曾一度以为自己附庸风雅偏爱泉石,后来发现,我更钟情于树。随着年龄的增长,我怀疑自己做树是不配的了,就幻想自己是树上的一片叶子、一个果子,甚至一只寄生虫。

有朋友说要做灌木,我就希望她成为灌木。灌木没什么不好。我曾经梦想有一个自己的院子,篱笆就是整整齐齐四季常青的灌木,置身其间可以看青山郭外。灌木介乎乔木和小草之间，既有树的风姿，也有草的坚韧，它把孔子、庄子、韩非的梦想一并成全了。它们结结实实地站在一起，让风从指缝间流过，即便腰肢不扭着也未必缺少风情。(《白云手记》)

在这里，作者没有经时济世的情怀，有的只是一点"小资情调"。小资情调虽然细小，但是，"做树"是因为喜欢树的姿态，仰慕树的自由和智慧。这一切都是"德行"的折射。在这个意义上，"自我"也是"大我""人类"中的一分子。保持个体的成就与幸福，是人类"大善"的具体表现。

教师的生活态度是否乐观而积极，主要取决于他对自身职业的态度。一位理解了教育事业真正价值的教师，他必然会热爱他的学校，热爱他的学生。无论任务多么繁难，多么沉重，无论面对多么大的压力与阻力，他都能想出创造性的方案去对付，去胜利地解决一切。

一位教师一生中会有许许多多的学生。在学生群中，并非个个都那么聪慧、和顺、彬彬有礼、学习勤奋，看起来让人赏心悦目的。其中也不乏"难看"学生。这些"难看"的学生常常搞得教师头疼。有的教师真的就对这些学生望而生厌、弃之不顾了；而热心教育的老师，却能从这些"难看"的学生身上，发现其隐藏着的某些良好的品质，有时还是很重要的品质。因为只有热爱，才会关注，师生之间才会有彼此的心灵接触；只有彼此的心灵接触，才能有独特的发现。婴儿刚刚萌生的细牙，总是母亲先发现的。幼小的心灵是一根"柔弱的弦"，教师的职责就是时时审视、照料与爱护这种"柔弱的弦"，并扶持它，鼓励它，使之逐渐坚韧起来。苏联大教育家苏霍姆林斯基并不具备显赫的学历，他只读了两年师范学校，后来在一所师范学院再读函授班，得到的仅是一张结业证书。可是他一生从事教学，写作了20年，在一本3700页的笔记本上，记载了他全部的教师生涯，并将"每一页都奉献给一个人——我的学生"。他从美育切入，把一所普通的中学造就得遐迩闻名。这所学校的成功，成了一种教育理论胜利的标志。学校中一位有32年教龄的老教师沉思着说："我是带着满意的心情去上每一节课的。"教师上课是带着"满意的心情"，一种近乎审美享受的境界，这教学与教育还有不成功的吗？

马卡连柯更是在战时的恶劣环境中，把一大批受害的流浪儿（他们中不乏酗酒者、斗殴者、偷盗者）改造成对社会有用的人。

设想，没有对自己事业意义的认同，没有乐观而积极的生活态度，他们能够取得如此辉煌的成就？

如果每一位教师都能如此体验着自己的诗意人生，理解着这份职业的崇高意义，那么，他的审美情趣便会无处不在、无时不在。他的审美情趣也就具有高尚的内涵与真切的表露，它会使得受教的学子感到一份春晖的温暖与光明。

第二节 呵护强烈的好奇心和真切的求知欲

审美情趣是基于审美对象产生的情趣。大千世界的万事万物无不可以作为审美对象。但是，一旦"视若无睹"，一切审美对象也就隐匿不见了。所以，保持一颗好奇心才可以不让自己的眼光老去，才可以不断地"看见"和"发现"。

物理学上有个著名的"单位"，名叫"帕"。它是表示大气压强度的单位。这个单位的出处，就是法国著名的数学家、物理学家、思想家帕斯卡。

帕斯卡 11 岁对研究自然发生兴趣，写了一篇关于声学问题的论文，论述振动体一经摸触立即停止发音的原因。因为这篇文章给他父亲以深刻的印象，以致父亲怕他的智慧发展过早不利于成长而中止向他教授几何学。

帕斯卡却独自开始钻研，1639 年 16 岁时写成有名的论文《论圆锥曲线》，提出的定理后世以他的名字命名。

帕斯卡 18 岁时对设计计算机产生兴趣。他先后草拟过 50 种模型，终于根据齿轮系的转动原理制成了世界历史上第一架计算机，能够手摇计算出六位数字的加减法。

此后，帕斯卡开始从事大气压力的研究。25 岁时他的姐夫按照帕斯卡的设计进行了实验。实验证明，在山脚和山顶水银柱的高度相差 3.15 英寸。这个实验震动了整个科学界，并且得到科学界的公认。他在这个基础上写成《液体平衡论》和《大气重力论》两部著作，确立了大气压力的理论与流体静力学的基本规律。

随着这一实验的成功，帕斯卡从思想方法的高度上总结出一套卓越的认识论理论。在题名为"真空论"的论文里，帕斯卡尖锐地攻击了当时"哲学上的权威"。

帕斯卡还对应自己的实验设想了一个逆实验，即以气压计的变化来测量山的高度。这个逆实验的工作后来由法国科学家马略特完成。帕斯卡又发现大气压力与虹吸现象之间的有趣关系，并发现气压的变化与气候条件有关，对后来气象学的发展具有巨大的启蒙意义。

此后帕斯卡转而研究液体平衡的一般规律，并发现了流体静力学最基本的原理。这就是有名的"帕斯卡定理"。这一定理的发现奠定了近代流体力学的基础。

帕斯卡的两篇著作《大气重力论》与《液体平衡论》均于1653年问世。次年他又完成了一系列数论和概率论的研究工作,代数学上沿用至今的有名的"帕斯卡三角形"(即二项式系数的三角形排列法)就是在这一年提出的。

求知欲望源于生活的进取精神与执着的事业理念。现今,知识的发展呈跃进态势。知识的更新用"日新月异"来形容已不算夸张了。不仅知识本身如此,就连对事物的认识方式也化为"多元"。一个合格的现代人,对新知识的追求是丝毫也不能懈怠的。

求知当然不限于读书,但读书确实是求知的一条捷径。即使处于已经进入信息时代、数字化时代的今天,从读书而求知,仍然是主要渠道之一。理由很简单,由书本所传递的知识,一般都经过了较好的爬梳剔抉、刮垢磨光,体系性强,重心突出。由书本所传递的知识,大抵经过社会各有关机构与专职人员的检验与把关,不至于有太大的谬误,准确度与可信度相对较强。

读书首先要有正确的读书观,前人宣扬书中自有"黄金屋""万钟粟""颜如玉",完全把读书看成谋求名利的工具,看成进身之阶。20世纪80年代一窝蜂地学follow me,也属于此种情况。无非是借以出洋镀金,谋一个较风光的前程罢了。持这种观点去读书,不仅败坏了读书的胃口,也损毁了读书应有的效果。

教师读书的目的应该是很明确的,就是不断地完善自我,不断地超越自我。完善与超越的最终目的,又是为了"百年树人"的崇高事业。

书中没有什么"黄金屋""万钟粟""颜如玉",但有知识,有智慧,有情趣。它能给人以启迪,以力量,以方向,使人更"人化",更"灵化"。故培根说:"读史使人明智,读诗使人聪慧,演算使人精密,哲理使人深刻,道德使人高尚,逻辑修辞使人善辩。总之,'知识能塑造人的性格'。"

教师为了丰富自身的审美情趣,在阅读方面有三点是值得注意的:

一、专精与通博要结合起来

教师要想在他所专任的学科上获得好的成绩,就必须在专业知识方面下苦功钻研,这是毋庸置疑的。但真正的专精一定要建立在通博的基础之上,方有可能实现。

现代知识的充分发育以及现代社会的特殊需求,使得交叉学科(跨学科)越来越繁复,单纯的学科分野渐渐模糊起来。比如"伦理美学""数理语言学""教育经济学"等。所以,除了专业知识之外,对本专业外的学科,特别是与本专业有密切联系的学科不能不有所涉猎。鲁迅早在半个世纪前就已指出:"即使和本业毫不相干的,也要泛览。譬如学理科的,偏看看文学书;学文学的，偏看看科学书，看看别人在那里研究的究竟是怎么一回事。这样子，对于别人、别事，可以有更深的了解。"对于教师和他的教学来说，这的确是至理名言。

还有，作为传播文化的使者，不论是教授哪门学科的教师，都应有比较扎实的文化根基。"文化根基"，包括中国的与世界的普遍性文化知识，是知识分子（教师在内）之称为知识分子的必备条件之一。缺少了这点文化底蕴，无论做什么工作，充其量只是个"工匠"罢了。许纪霖在《暧昧的怀旧》一书中颇有感慨地写道："如今，外语系再也不是研习西洋文化的伊甸园，而成为生产翻译人才的工厂""从表面上看，英语在中国可谓大行其道……但这些英语早已失去了原来的文化之根。一个托福将近满分的学生可以对英美的历史文化懵然无知，一个满嘴洋文的高级白领竟只读《文化苦旅》《丰乳肥臀》而不知洛克、休谟。"他所揭示的时弊带有普遍性。

这正是我们今天的教育教学缺少兴味、事倍功半的症结所在。知识过于"专业"、过于狭窄的教师，讲授是呈直线型或平面型的，即使内容准确无误，也显得苍白贫瘠，缺乏情趣，课堂效率不会太高；专业知识过硬又具有博识，文化底蕴厚重的教师，讲授是呈立体型的，不仅专业知识讲得出色，而且旁征博引，深入浅出，情趣盎然，收效必定不同凡响。除了读本国的，有条件者还可以读些外国书：读英国的书，能多一点幽默；读美国的书，能多一点奔放；读俄罗斯的书，能多一点古典的诗情……这对性格的塑造、视野的开阔和情趣的多彩，无不有所裨益。

二、有计划地读点关于美学的书

教师审美情趣，从根本上说，与"美"有关。因此，读点关于美学的书，有助于个体审美情趣的提升和深化。尽管情趣是一种情感的表露，有很大的随机性，但一个人情趣的取向与其文化内涵，以及这内涵的层次高低，都与他的美学修养丝缕相系。俗话说"外行看热闹，内行看门道"，讲的就是这个道理。听过一首乐曲，普通人只会感到愉悦，评价也只是"好听"。而懂美学的人，却能细腻地道出这支乐曲"美"的缘由，他从中领悟到的东西显然要比一般人多得多。因而，教师要让自己的审美情趣更纯化，更深化，更有较高的品位，读点关于美学的书是十分必要的。

教师读美学书，具有很多的优越条件。

美学与哲学（美学本来就隶属哲学，是哲学的一个分支）、心理学、文学、艺术等有着密切的关联，而这类学科对教师来说并不陌生。有了这类学科的基础，学习美学是不会感到太多困难的。何况大部分人文学科如语文、历史、音乐、美术、舞蹈、体育、书法等，本来就是美学理论所关注与讨论的范畴。在这样的专业基础上去了解与研究美学，不仅是一条坦途，而且从理论层面上更进一步地丰富与强化了专业知识。

对于有兴趣读点美学的教师，可以有两套方案供选：一是一般地涉猎，只做轮廓性了解的；二是系统地学习，要从理论上切实把握的。

做前一种选择的人估计是多数。建议读这样一些书：《谈美书简》（朱光潜）、《美学散步》（宗白华）、《大众美学》（洪毅然）、《通俗美学》（王明居）、《审美教育问题》（[苏]尼·德米特里耶娃）。做后一种选择的人估计少一些，建议读下列这些书：《美学原理》（杨辛、甘霖）、《美学四讲》（李泽厚）、《中国美学史大纲》（叶朗）、《西方美学史》（朱光潜）。

下面对以上所列各书做一点简扼的介绍，以供参考：

《谈美书简》是著名美学家朱光潜写的一本普及性读物，1980年由上海文艺出版社出版，内容涉及美学理论中的一般问题，用书信体表述，话语亲切，针对性颇强。第一篇"代前言"就谈"怎样学美学"。尽管此书是在"冰雪初融、余寒未尽"的年月面世，阐述尚须谨慎，但以作者的深湛学识、厚积薄发，该书的理论价值与学术含量，即使在三十多年后的今天，仍不失其权威性质。

《美学散步》是另一位著名美学家宗白华的美学论文集，1981年上海人民出版社出版发行，近年又有再版。与《谈美书简》不同之处在于，本书不一般性地概谈原理，而是直接涉入各门类艺术，探讨其中的美学规律，在中国传统书画方面阐述尤深。作者中学、西学根底都极为丰厚，左右逢源，所论又力求务实，因而读来发人深省之处颇多。

《大众美学》，洪毅然著，陕西人民出版社1981年出版。全书分上中下三篇。"上篇谈美感；中篇谈美；下篇谈美学在食、衣、住、行等日常生活与工农业生产诸领域中的广泛应用。"49篇短文，都从生活中撷取话题，深入浅出。有读散文的闲趣，无啃理论的枯涩，是初涉美学理论者的一本入门书。

《通俗美学》，王明居著，安徽教育出版社1985年出版。如作者所言，这本书"企图在通俗性、学术性、科学性、知识性的结合上做出一点努力"。它的通俗性与知识性表现在举例的日常化与叙述的平易近人上，读起来易懂且饶有趣味；它的学术性与科学性，则表现在系统性相当严谨，由浅入深，种种有关"美"的事例与现象最终都能找到理论归宿。

《审美教育问题》，苏联学者尼·德米特里耶娃著，知识出版社1983年翻译出版。这本书的独特之处在于它所谈的美是从教育的角度切入。"作者以大量的日常生活中的审美经验和艺术欣赏的实例，来阐明她对审美教育的见解，其中包括这种教育的内容、特点、方法和目的、效果等问题。"这样当然更贴近教师的专业,读起来感到亲切,对实际工作也具有直接的指导意义。只是该书原著出版于20世纪50年代中期,对某些问题的阐释免不了有明显的时代痕迹。不过,时隔半个多世纪,今天我们读它,想来应该不会受到什么误导。

《美学原理》,作者杨辛、甘霖。该书由北京大学出版社出版,1983年面世,近30万字。该书原系北京大学美学教材,由"美的本质""美的表现"与"美感"三大部分组成,因此,体系相对严密,学院风格相对鲜明。各章都附有思考题与参考书目,用于有系统的自学,是目前最佳的一个本子。

《美学四讲》的作者李泽厚是我国当代后起的美学界权威作家。他的美学理论已成为与当代大家朱光潜、蔡仪等人并立的一大派别。本书是继《美学历程》《华夏美学》之后,作者的又一美学力作,也是他在"心意他移,美学荒弃"之时,对自己美学观点的一次全方位的整理。书中涉及"美学""美""美感""艺术"四个方面的问题。对美学理论求之欲深的读者,是能够从中得到满足的。该书有三联书店版的单行本,还被收进安徽文艺出版社的《李泽厚十年集》第一卷。

如果想从纵向了解美学的来龙去脉及诸多学派的观点,建议读叶朗的《中国美学史大纲》(上海人民出版社版)与朱光潜的《西方美学史》(商务印书馆版)。

至于意图在美学理论上有所精求,当然还有大量的中外美学经典可供研读,但这已不是"教师审美情趣"所应顾及的范围了。

三、从无字句处读书

有这样一副对联,其文曰:"与有肝胆人共事,从无字句处读书。""从无字句处读书"意指从实际生活中去求知。前人这个观点是很有道理的。

"生活",充满生机。

生活对塑造人的性格、气质、情趣以及丰富人的知识,均起很重要的作用。古人在这方面有很强的自觉性。陆游在《示子》一诗中写道:"汝果欲学诗,工夫在诗外。"唐宋八大散文家之一的苏辙,也认为"文者气之所形",他以司马迁为例写道:"太史公行天下,周览四海名山大川,与燕、赵间豪俊交游,故其文疏荡,颇有奇气。"同时,他从中醒悟到他自己"百氏之书,虽无所不读,然皆古人之陈迹,不足以激发其志气",因此,在他19岁那年,"故决然舍去,求天下奇闻壮观,以知天地之广大。过秦汉之故都,恣观终南、嵩、华之高;北顾黄河之奔流,慨然想见古之豪杰。至京师,仰观天子宫阙之壮,与仓廪府库城池苑囿之富且大也,而后知天下之巨丽。见翰林欧阳公,听其议论之宏辩,观其容貌之秀伟,与其门人贤士大夫游,而后知天下之文章聚乎此也。"

诚然,生活阅历可以扩展人的视野,开阔人的胸襟,增长人的见识。所以,见过大世面的人,常能遇事不乱,临危不惊,处理问题举重若轻。

中国革命从20世纪20年代到40年代的风雨泥泞、枪林弹雨、九死一生中胜利地走出来,其原因除了理论的支持与人民的拥护之外,不也有,而且很重要的是领导人丰富的生活阅历和斗争经验吗?

有成就的大作家、大学者,同样都十分注重阅读生活这本大书。契诃夫外出旅行喜欢坐三等车厢,目的就是通过这个窗口,熟悉他所要表现的那个普通人的群落;曹禺、夏衍为了真实地反映生活,都曾冒着生命危险进入那些特殊的,或神秘恐怖,或与世隔绝的生活圈子;高尔基成功地表现了他那个时代,也是由于他本人就一直在底层生活中打滚、挣扎、奋斗;当代著名社会学者费孝通晚年的成功著作,都是不辞辛劳,跋涉基层,深入生活而获得的。《红楼梦》第五回的一副对联"世事洞明皆学问,人情练达即文章"正是上面意思的浓缩,其含义正是强调要从生活中去求知。生活,是长流水,因而,永不腐坏,而且,日新月异。

教师是书斋中人,多与书本打交道,这也属正常。只是,一味沉溺于书本之中,观念与性格容易流于偏执、枯寂、消沉,因此,有必要走出书斋,自觉主动地到生活激流中去体验。

当今社会,知识的翻新,观念的更替,可谓神速。古人说,读万卷书,行万里路。社会是一个更为巨大、生动、全息的课堂。这个课堂对教师而言,有不同的建筑、不同的"老师",不同的教学风格、教学理念,包括世界文明的过去和未来。在社会这个大课堂里,能够看到更多更及时的新鲜信息,能激活自己的思考和感受。"OUT""新常态""沪港通""一带一路""冰桶挑战""APEC蓝""深改""小官巨腐""微信红包"……每一个词语的后面,都隐藏着一种新现象、新观念、新气息。难怪一位退休的资深教育专家,竟听不懂他孙儿所讲的"微信"为何物。教师如果将滚滚的生活潮流拒之门外,他就很难理解这个世界与生活在这个世界中的人,那么,他会成为一个干巴巴、语言无味、面目可憎的人物,与他的工作对象将如何沟通?他的教育与教学会有多好的效果?

生活,是感性存在,因而,声色俱备,而且,兴味盎然。

生活向人们展示的总是最新鲜、最生动的姿容:街头的一场争执、校园的一次聊天、满街黄发红唇所构成的时尚、各式各样的媒体每天倾出的大量信息……这一切都显示了此时此地人们的价值观，以及在它支配下的生活观、审美观、学习观。这是生活的潮汐，也是时代的脉搏。原汁原味的生活形态，蕴藏着当代人极为丰富的追求理念、审美情趣以及新锐智慧，而这正是课堂教学的一股取之不尽、生机永存的活水。拒绝这股活水的振荡与冲击，无论是教育还是教学都是没有生气的，更遑论"情趣"；反之，自觉地、主动地、有机地导入这股活水，那么，无论是教育还是教学，都会面貌一新，极富时代感，新鲜活泼的"情趣"便会随之而生。

美从生活而来，情趣由生活而生，教师的审美情趣的发育和健全，不能离开生活。

第三节 积极参加多类型的社会活动，保持积极健康的艺术爱好

审美情趣，尤其教师的审美情趣，归根到底是一种社会活动。小国寡民式的远离尘嚣，井底之蛙式的故步自封，把自己搁置在经验主义和形式主义的藩篱中，把自己变成"老朽"，不仅不可能产生新鲜的思考，更不能把握教育的脉搏，不能立足于现实之中和未来之前把教育做到它应该呈现的样子。

所以，老师要能入乎其内、出乎其外，既能秉持一颗为人师者的纯真之心，也能跻身社会，扩大视野，多方吸收，兼收并蓄，更新观念，保持激情和活力。

一位教师，走出自己的校门，走进别人的校门，观摩同行的教学理念和方式，因此对生命激情和教师的角色定位的问题产生新的感悟。这正是一次"社会活动"生发的效益。

一、学校即社会——在"环境"深处发现和体验

学校的高墙深院，自成一域；教师每天"办公室—教室"的刻板线路，局限了活动的范围；伏案备课，处理学生作业，书斋治学，又占用了不少的课余时间。这一类由职业特性形成的诸多限制，使不少教师处于长期自我封闭的状态之中，与社会产生隔膜，必要的人际交往少之又少。这种状况很不利于今天的教育教学。美国学者阿历克斯·英格尔斯等描述的十二条"现代人的特征"中，如"现代人准备和乐于接受他未经历过的新的生活经验、新的思想观念、新的行为方式""准备接受社会的改革和变化""思路广阔，头脑开放""尊重并愿意考虑各方面的不同意见、看法""强烈的个人效能感，对人和社会的能力充满信心，办事讲求效率""可信赖感和信任感""相互了

解、尊重和自尊"等,都和参与社会、广泛的人际交往有关。不能设想,一个足不出户的当代隐者能具有现代性的思考方式与行为方式。

当今社会完全是开放型或日益朝开放型发展的社会,国家与国家之间的商贸、文化等各方面的频繁交往,相互依存关系日趋密切;现代交通与通信手段日益便捷,使得地球上的人类彼此像家庭成员一样亲近。历史潮流冲击着每一个现代人,把他们逼进那无可避让的人际交往的旋涡之中。缺乏人际意识与人际交往的能力,在现代社会中生存立足都将是十分困难的事。教师的职责本来就重在培养现代化的一代新人,如果自身不能自觉积极地融入社会,那就很难设想他能够完成本职任务。

教师的融入社会,因其职业性质,自有他们特别的领域与特别的方式。首先,教师应融入自己的工作对象,即学生群。"融入"是说要深入他们的生活以至心灵世界。

青年学生,他们都是未经雕琢的璞玉,有着天然无华的品质;他们又都是一条未遭污染的清溪,有着纯洁净丽的风姿。整体去看,确实具有一致的鲜明共性。但是审视他们时,则每一个人,都是性质各异的复杂因子的组合体:有的天真烂漫,有的少年老成,有的动若脱兔,有的静若处子,有的外向得像一枚水晶石,有的内向得像深浅莫测的潭水……

学校即社会。学生的生活与大千世界紧密关联,社会的方方面面在学生生活里都有折射。教师对学生的客观分析,必须置身于"社会"这个大的背景之下。在大的社会背景之下感受青少年的心理世界,才能卓有成效地融进他们的心灵。

学校的"前线"是课堂,"后援"是家庭。学生家长的职业、文化层次各不相同,教师主动深入学生家庭,等于是接触社会的各个层面,熟悉形态各异的社会角色。每一次认真的家访,其实就是一次社会调查,不仅可以从中寻求教育学生的有效途径,还可以有效激发和丰富教师的审美情趣。

认真组织与开展校内各种类型的文化性社团活动,是教师感受社会的第三条渠道。

学校各种文化性社团活动,是一项志趣更加集中、明确,以发挥学生能动作用为主,社会性特征很强的群体活动。在这种活动中,教师往往居于二线,充当"幕僚"的角色。它与课堂很大的不同之处,就是师生之间的关系更具"伙伴"性质。

在这类活动中,创意、组织、实施、操作,全以学生的前台动作为主。虽然教师的影响并非不再重要,但是,教师在全过程中能够更加生动地理解与感触到青年一代的新的价值取向、审美情趣以及多少不同于前辈的操作方式，从中受到启发。

经常投身于这类活动，有利于教师审美情趣的青春化与时代化。

就学校领导方面而言，有计划地组织教师的集体活动，特别是外出旅游参观活动以及校际教育教学经验交流活动，对教师的开阔视野，贴近时代潮流，增添审美情趣的新质是有好处的。

二、社会即学校——在各种活动中增长见识、提高素养

教育即生活，社会即教育。校园之外的世界，表面看起来与"教师"有点距离，其实不然，社会上的一切都是教师审美情趣的起点和支点。教师在"社会"中发现与自己心灵相契合的东西，激活自己的生命感受，形成丰富而饱满的精神世界，使自己的视野更广阔、思想更丰富、性灵更鲜活、空间更富余。在这个意义上，无用反而是最大的有用，无关恰恰是最大的相关。

培训、井冈山、烈士陵园、崇山峻岭，这都是校园之外、课本之外的事情。表面看来，这与课堂教学、与考试分数都没有关系。但是，一个对历史、文化、人性没有自己感悟的教师，如何会是称职的教师？社会，正是培养教师审美情趣的"基地"。

在这个基地里，情趣之花四处盛开。但是，情趣最重要的种子还是"兴趣"。

老话说，人无癖不可交（这里所说的"癖"，当然不包括于人生有害的恶癖），这是有道理的。试想，一个人对世事一概寡淡无趣，他还能热情忠信地与周围的人交往吗？反之，对一花一草、小猫小狗都凝神专注，爱护备至者，可以相信，他一定是情感充沛、执着负责的人。

艺术世界是感情世界。人的艺术爱好，不仅能丰富生活，还能陶冶感情。力彰"以美育代宗教说"的学界先哲蔡元培即认为"纯粹之美育"，足以"陶养吾人之感情，使有高尚纯洁之习惯，而使人我之见，利己损人之思念，以渐消沮"。

教师的工作"立人立己，达人达己"，当然更应该使自身的感情臻于纯正与高尚的层面。只有如此，其审美情趣，才是富有教育性的；而这种审美情趣的形成，又全赖健康的艺术爱好长期熏陶濡染。

别以为艺术爱好只属于个人行为，闲情逸致无关大雅。其实，这种爱好，对健康身心、塑造性格、开发智力、净化情趣都是至关重要的。

（一）艺术爱好，是一种"忙碌的休息""建设性的休息"

人要工作，工作即是劳动。这劳动或是侧重于体力，或是侧重于脑力。

但不论怎样，劳动就意味着体能的消耗。这种消耗得不到必要的调适，会严重损害健康。教师的工作主要是脑力劳动，过分紧张忙碌的工作使大脑耗氧量上升，兴奋优势中心受到抑制，疲惫感便随之而来，工作效率自然大受影响。所以，善于工作的人，一定也善于休息。

闭目养神，卧床小憩，固然也是休息的一种形式，但对于教师来说，其业余生活更多地含有文化内容：或操琴，或作画，或对弈，或吟诗……

这些事，从表面上看，也如上岗工作那样"忙碌"，并没有"休息"，但由于从事这些活动时，心情是悠闲的，没有任何外在的压力；精神是愉快的，没有丝毫的勉强；终始行止，一任意趣，十分自由。有了这份悠闲、愉快与自由，表面上的"忙碌"，实质上却是"休息"。这"休息"又不是虚度，而是有着文化与精神上的双重收益。

（二）艺术爱好，又具有开发智力、提升效率的积极意义

一个人的兴趣广泛，对专业外的知识领域的涉猎，不仅不会削弱专业知识与专业能力，反而能够丰富与强化专业知识与专业能力。马克思曾说过，在未来社会里，"那时衡量财富的尺度已绝不会是劳动时间，而是业余时间"。他还说，业余时间是实现"更高尚的活动……个人全面发展"的时间。事实上也是，只啃专业书的教师，讲起课来，尽是筋筋条条，淡而无味；而兴趣广泛、视野开阔的教师讲课，博闻多识，拈来成趣，充满着一种智慧的诱惑力，效率效果是全然不同的。

（三）艺术爱好，可以怡情养性，塑造性格

"知者乐水，仁者乐山"，古代的"比德"理论指出了人与自然的一种天然契合，是人对外界事物的能动地选择。但从另一个角度看，山里人性格多偏于沉稳拙朴；水乡人性格又多偏于活泼机灵，这又是环境对人的性格的一种默化。同样，激赏惠特曼者，性格必然旷达奔放；迷恋陀思妥耶夫斯基者，性格必然内敛深沉。不同的艺术爱好见出不同的性格，反过来，性格又为其钟情的艺术所规定，所造就。艺术的色彩，万紫千红。人的性格，千差万别。但无论如何，由高尚艺术培育出来的人的性格，其高品位、高质量是无可置疑的，它对人类有百利而无一害。

第四节 进一步体会"美"的规律，
会使审美情趣有更专业的基础

艺术爱好，可以科学有效地提升审美素养。

审美情趣，"审"的意识和技能很重要。在对美的对象有了直觉判断之后，能够深入分析和理解其中的典型特征，辨识它与其他审美个体之间的差异性，领会它作为自然或社会生活的反映，理解并发挥它对于自己精神趣味的建设意义，才能使审美趣味得到切实的体现和提升。

人的生产无论是精神的还是物质的，都与美有联系，而美有美的规律。

"人知道怎样按照每个物种的标准来生产"。标准就是由每个物种的需要来决定的规律。动物只按自己所属的那个物种的直接需要来制造，例如蜂营巢，人却全面地、自由地生产，能运用每个物种的标准，例如建筑师既能仿制蜂巢，又能建造高楼大厦和其他工程。这就是前一条的要求。"人知道怎样到处把本身固有的标准运用到对象上去来制造"。这本身固有的标准是属于对象的，也就是根据对象本身固有的规律。恩格斯论述"从猿到人"时说："我们对自然界的整个统治，是在于我们比一切其他动物强，能够认识和正确运用自然规律。"

马克思所说的"对象本身固有的规律"也就是恩格斯所说的"自然规律"。就文艺来说，这就涉及认识整个客观世界和人们所曾探讨的文艺本身的各种规律。可见"美的规律"是非常广泛的，也可以说就是美学本身的研究对象。

美有美的规律。审美要按照美的规律来进行。美的规律是什么？就是制造美的"标准"。老子说"人法地，地法天，天法道，道法自然"，自然有自己运行的方式，人也有文明制造的规则。朱光潜先生引用马克思的话"视、听、嗅、味、触、思维、情感、意志、活动、生活，总之，人的个体所有的全部器官，以及在形式上属于社会器官一类的那些器官，都是针对这对象"，强调"五官""思维"等在审美过程中的作用。审美在"好之"的过程中强化"知之"，会使审美更专业。

一、强化对"线条""色彩""音符节奏"的感知力

审美情趣是基于审美对象的产物。审美对象不是一个空洞的名字，它由诸多元素构成。在人类文明积淀和形成的过程中，很多"元素"的内在含义

被渐渐稳定下来，形成人们的审美心理。这些元素，包括线条、色彩、节奏等形式上的一切。理解这些元素的文化意义，领悟人们相对稳定的审美习惯，才会真正实现审美，审美情趣才会"合道"。

托尔斯泰的墓成了世间最美的、给人印象最深刻的、最感人的坟墓。它只是树林中的一个小小长方形土丘，上面开满鲜花，没有十字架，没有墓碑，没有墓志铭，连托尔斯泰这个名字也没有。这个比谁都感到受自己的声名所累的伟人，就像偶尔被发现的流浪汉、不为人知的士兵那样不留名姓地被人埋葬了。(《世间最美的坟墓》)西班牙建筑大师迪高曾经表示：直线属于人间，曲线属于上帝。直线是世间最简单、最单调的线条，曲线相对而言则优美华丽很多。所以，茨威格突出托尔斯泰的墓地是"长方形土丘"，就是要表现坟墓的简单朴素。对茨威格这段文字的鉴赏，可以加深对"线条"的理解。反过来更能理解托尔斯泰坟墓的特点和作者寄寓其中的情意。

线条是造型的基础。朱光潜先生曾经以建筑为例，他认为建筑风格的变化是以线条为中心的，希腊建筑多用弧线，哥特式多用相交成尖角的斜线。古希腊的帕特农神庙，以高大的石柱来表现其伟大庄严，罗马角斗场又大多是弧线型、穹隆式的半圆屋顶，体现其实用功能和美学精神。英国著名的画家和美学家荷迦兹在《美的分析》中指出"蛇形线条"是最美的线条，因为"它引导眼睛做一种变化无常的追逐"。在现实生活中，三角形给人稳定之感。"文革"时期的很多绘画和样板戏演员最后"亮相"就是"三角形"造型，以此表示"坚决"和"刚毅"。

色彩在审美活动中，也是非常重要的元素。

人们为什么以"红绿灯"作为标志灯？

19世纪初，在英国中部的约克城，着红装的女人表示已结婚，着绿装的女人则是未婚者。

英国伦敦议会大厦前经常发生马车轧人的事故，人们受到红绿装启发，1868年12月10日，信号灯在伦敦议会大厦的广场上诞生：灯柱高7米，身上挂着一盏红、绿两色的提灯——煤气交通信号灯。在灯的脚下，一位手持长杆的警察牵动皮带转换提灯的颜色。

不幸的是面世23天的煤气灯突然爆炸自灭，一位正在值勤的警察因此断送性命。城市的交通信号灯也因之被取缔。1914年，在美国的克利夫兰市率先恢复了红绿灯。第一盏名副其实的三色灯（红、黄、绿三种标志）于1918年诞生，它是三色圆形四面投影仪。

但是，把交通信号灯确定为"红绿灯"，是因为生理和文化的原因：我们的视网膜含有杆状和三种锥状感光细胞，前者对黄色的光特别敏感，后者则分别对红光、绿光最敏感。红色最为热烈或强烈,其次是黄色。绿色则有较冷及平静的含意。因此,人们常用红色代表危险,黄色代表警觉,绿色代表安全。红光的穿透力最强,最不容易被散射。其他颜色的光很容易被散射,在雾天里就不容易看见。所以用红色表示禁止。色彩之中,有文化、科学心理等方面的审美意义。

苏东坡评价王维的诗"诗中有画,画中有诗"。王维的《使至塞上》全诗共8句,其中"大漠孤烟直,长河落日圆",正是线条与色彩结合的典型:大漠是圆形,孤烟、长河是线型,落日是圆形。大漠是黄色,孤烟是白色,长河是蓝色,落日是红色。作者用一个平面加一条垂线来形成无限延展的阔大,长河与落日——斜线加点,给阔大的空间以无限延展的余地。加上色彩的渲染点缀,王诗的"诗画"浑然天成。

孟浩然也有名句:"绿树村边合,青山郭外斜。"绿树、青山,表面看是中国诗歌常常用来表现乡村生活的自然景象。但是,一"绿"一"青",点染出田园生活清新爽朗,富于生机活力;"村边""郭外",从近到远地勾勒出田园境界的开阔淡远。尤其"合"字,用绿树形成的圆圈将村庄环绕起来,构成一个团圆安谧、不受世外侵扰的圆满空间。但一个"斜"字,实现"圆"与"线"的搭配,使诗人既能置身域内又能极目于村外,既能安守田园又能让心灵的翅膀任意飞翔。

音乐是艺术最常见的形式之一。《毛诗大序》开篇在阐述诗歌的产生及其艺术特征时就说:"诗者,志之所之也,在心为志,发言为诗。情动于中而形于言。言之不足故嗟叹之,嗟叹之不足故咏歌之,咏歌之不足,不知手之舞之足之蹈之。"音乐似乎是人类自然而然的产物,也似乎是人类与生俱来的需要。从农人到政客,几乎很少有人不喜欢音乐。与此同时,音乐作为一门艺术,在发展沿革的过程中,基于生活又高于生活,形成了相对学术化的专业特质。

乐调是音乐的基本元素。古希腊人就注意到每个乐调各自"承载"不同的情感特征:A调高扬,B调哀怨,C调和蔼,D调热情奔放,E调安静优雅,F调淫荡,G调浮躁。中国的孔子"闻韶音三月而不知肉味",就是从它们的音调中听出了端庄雅致的韵味。有人对近代音乐的乐调进行了研究,发现乐调与情绪有如下关系:A阳调自信、希望、和悦,最能表现真挚的情感,充满对生活的憧憬;A阴调如同女子的柔情似水,恰似北欧民族的伤感和虔敬之心;A降低阳调好似梦境中体验到的情感;B阳调响亮,表现为勇敢、豪爽和骄傲;B阴调悲哀,表现出静静的期待;C阴调纯洁、果断、坚毅、沉稳,有宗教的情调;F阳调和悦,略带忏悔、哀悼之情;F阴调悲伤、忧愁,曲调哀婉；F 提高阳调嘹亮、柔和，感情丰富；F 提高阴调热情、神秘，曲调幽深、阴沉；G 阴调有时忧愁，有时喜悦；G 阳调表现真挚的信仰，平静的爱情，有田园风趣，给人以自然、温馨的感觉。

无论线条、色彩还是乐调，都是作者情意的符号。符号是理智化的语言。符号里收藏了丰富的信息。一个人对形状、线条、色彩、乐调等符号的人文理解，是一个人审美能力和审美趣味的起点和归宿。借助自己的"爱好"，把"爱好"演绎为"专长"——正如借助自己对电影的喜好，了解什么叫淡入、淡出，什么是剪辑、蒙太奇，什么是声画同步、声画分立——将有益于审美趣味的丰富和提升。

二、有效培育"审美思维"，使审美趣味更浓郁

形状、线条、色彩、乐调等，组成了审美对象的"外观"。要想实现真正的审美，审美者的性格、兴趣、技术、道德，都必须介入其中。但是在外观和个性之间，还有一个重要的中介，就是"思维方法"。

思维是审美者思考的运行机制，这个机制的运转功能的高低和运转方式的特点，极大地影响审美的结果。

烟笼寒水月笼沙，夜泊秦淮近酒家。商女不知亡国恨，隔江犹唱后庭花。（杜牧《泊秦淮》）

沿路听见断续的歌声：有从沿河的妓楼飘来的，有从河上船里度来的。

我们明知那些歌声，只是些因袭的言辞，从生涩的歌喉里机械地发出来的；但它们经了夏夜的微风的吹漾和水波的摇拂，袅娜着到我们耳边的时候，已经不单是她们的歌声，而混着微风和河水的密语了。于是我们不得不被牵惹着，震撼着，相与浮沉于这歌声里了。（朱自清《桨声灯影里的秦淮河》）

游客们的大船，歌女们的艇子，靠着。唱的拉着嗓子；听的歪着头，斜着眼，有的甚至于跳过她们的船头。如那时有严重些的声音，必然说："这哪里是什么旖旎风光！"咱们真是不知道，只模糊地觉着在秦淮河船上板起方正的脸是怪不好意思的。咱们本是在旅馆里，为什么不早早入睡，掂着牙儿，领略那"卧后清宵细细长"；而偏这样急急忙忙跑到河上来无聊浪荡？还说那时的话，从杨柳枝的乱鬓里所得的境界，照规矩，外带三分风华的。况且今宵此地，动荡着有灯火的明姿。况且今宵此地，又是圆月欲缺未缺，欲上未上的黄昏时候。叮当的小锣，伊轧的胡琴，沉填的大鼓……弦吹声腾沸遍了三里的秦淮河。喳喳嚷嚷的一片，分不出谁是谁，分不出那儿是那儿，只有整个的繁喧来把我们包填。仿佛都抢着说笑，这儿夜夜尽是如此的，不过初上城的乡下老是第一次呢。真是乡下人，真是第一次。（俞平伯《桨声灯影里

的秦淮河》)

　　同样以南京的秦淮河为审美对象，同样着眼于秦淮河歌女的歌声，因为每个人联想思维的"端点"与"方式"的不同，形成的作品的内容和风格迥然不同。晚唐的杜牧，怀着忧国之思，听到"后庭花"曲，联想到"亡国之恨"。朱自清和俞平伯1923年同游秦淮河，看到同样的景致，经历同样的过程。但是由于朱自清一向稳妥，俞平伯向来自我；朱自清心事厚重，俞平伯超脱空灵，所以，朱自清的联想是歌者言辞的陈旧、歌喉的生涩机械、心态的无动于衷。朱自清为人处世喜欢在黯淡里找到星光，于是他又把歌声安放到水里和风里，让"水"和"风"的自然韵致，化解歌声的枯涩和陈腐。

　　俞平伯，这个世家里长大的公子哥式的文人，他联想的"端点"总在故纸堆、歌舞声色及自我爱恋之中。对歌女们的描写，仅止于"拉着嗓子"四个字，但是他从游客没精打采的神态和牢骚式的话语里，对歌女的歌声加以讥讽。他的文字，重点在对自己生活情境的假设上——在旅馆内早早入睡，拈着牙儿领略古诗意味。哪里需要到这里被"整个的繁喧""包填"呢？

　　比较而言，朱自清的联想的根基是自己温厚的本性，对联想的对象有很强的"组合""建构"的功力。而俞平伯，在"文人腔调"上更胜一筹。

　　所以有了两个风格迥异的《桨声灯影里的秦淮河》。

　　在美学理论领域，联想有"相似联想""接近联想""对比联想"之分。杜牧因歌女的欢唱联想到亡国的伤痛，俞平伯由秦淮河的喧嚣联想到旅馆惬意的生活，这都是对比性联想。俞平伯由自己的感受联想到"乡下人"，这是基于"本质相同"的联想，是相似联想。朱自清由歌声联想到"空间位置"上彼此关联的"风"与"水"，这是接近联想。

　　在审美过程中展开联想，借助类比和对比手段，更能有效、准确地发现审美对象本身的特质。

　　在审美活动中，"想象"发挥着重要的作用。古希腊的亚里士多德在《心灵论》中说："想象和判断是不同的思想方式。"罗马时代的斐罗斯屈拉特则强调：想象"是用心来创造形象"，"它是比模仿更为巧妙的一位艺术家"。审美与科学研究不同，审美更需要借助想象而具体化，最终形成审美意象。在强烈的情感运动中，审美主体达到了一种深层的感动和理解，领悟到难以言传的生命价值与意义。审美意象是主体对审美客体的主观反映，是在多种心理因素综合作用下产生的一种特殊的形象。

　　江南可采莲，莲叶何田田，鱼戏莲叶间。
　　鱼戏莲叶东，鱼戏莲叶西，鱼戏莲叶南，鱼戏莲叶北。(《江南》)
　　这首诗有什么好？为什么千古传唱？

如果不加以联想和想象，我们可以对此加以理性分析：鱼，在中国古代象征男女之情。这首诗写一个小女生看着鱼儿在池塘里游动。

没看出这有什么"美"。

那么想象吧：在蓝天之下、红花绿叶之间，脉脉流动无限风情的流水之下，一个美丽青春的女孩，看一条鱼儿在荷塘里无忧无虑地开心嬉戏。鱼儿呀，我的那位亲爱的人，他在哪里？——青春少女的眼波流转之间，心做千千结。

多么美艳，多么牵人魂魄。

作为表达情意的文学作品，不能设想，如果不能把静默的符号还原为直观的形象，不借助想象把看得见的东西与看不见的东西进行对接，如何实现审美？

一阵风把蜡烛吹灭了。月光照进窗子，茅屋里的一切好像披上了银纱，显得格外清幽。贝多芬望了望站在他身旁的兄妹俩，借着清幽的月光，按起了琴键。

皮鞋匠静静地听着。他好像面对着大海，月亮正从水天相接的地方升起来。微波粼粼的海面上，霎时间洒满了银光。月亮越升越高，穿过一缕一缕轻纱似的微云。忽然，海面上刮起了大风，卷起了巨浪。被月光照得雪亮的浪花，一个连一个朝着岸边涌过来……皮鞋匠看看妹妹，月光正照在她那恬静的脸上，照着她睁得大大的眼睛，她仿佛也看到了，看到了她从来没有看到过的景象，月光照耀下的波涛汹涌的大海。兄妹俩被美妙的琴声陶醉了。等他们醒过神来，贝多芬早已离开了茅屋。他飞奔回客店，花了一夜工夫，把刚才弹的曲子——《月光曲》记录了下来。（人教版小学语文六年级上册《月光曲》）

这是人教版教材上的一篇文章，描述的是贝多芬《月光曲》产生的因由。故事的真假无从考察，但是"皮鞋匠"看到的"画面"为很多人的同感。音乐是一种无形的画面，"想象"就是运用通感，把有声的音乐变成有形的画面。

任何艺术作品都是作者思想情感的表达。想象的根本是"情意"。没有情意则没有形象。"情意"就是"目的指向性"，就是审美者调度自己的经验，通过"艺术品"这个媒介，对作者的思想情感进行复原的根本。尽管"作者未必然，读者未必不然"，但是，即便错位的复原，仍然建立在对作者思想情感的推测之上。

断臂的维纳斯为什么这么美？

没有情意的审美会视之为一个"人形的大理石"。

进一步，懂得美的规律的人会分析道：维纳斯的线条是那种"韵律流动"

的波形线条；整个雕像的比例十分耐人寻味，它接近于利西普斯所追求的那种人体美比例，而且，雕像的各部分比例几乎都蕴含着黄金分割的美学秘密。

赋予了情意，就会觉得她无论是秀颜，还是那从丰腴的前胸伸延向腹部的曲线，或是她的脊背，不管你欣赏哪儿，无处不洋溢着匀称的魅力——如果把她当作希腊神话中爱与美的女神，把她当作自然、生命的统一，真、善、美的象征，你才会深入欣赏她美的特质。

情意是想象的内核，想象是情意的根本。教师的思维在教师的审美过程中具有元认知的重要意义。它不仅规定了教师审美情趣的性质、格调，而且催发着教师审美情趣的实现。

参考文献

[1] 陈向明. 质的研究方法与社会科学研究 [M]. 北京：教育科学出版社，2014.

[2] 杜威. 民主主义与教育 [M]. 王承绪，译. 北京：人民教育出版社，2001.

[3] 杜威. 人的问题 [M]. 傅统先，邱椿，译. 上海：上海人民出版社，2014.

[4] 多尔. 后现代课程观 [M]. 王红宇，译. 北京：教育科学出版社，2006.

[5] 联合国教科文组织. 教育——财富蕴藏其中 [M]. 北京：教育科学出版社，1996.

[6] 钟启泉等主编.《基础教育课程改革纲要（试行）》解读 [M]. 上海：华东师范大学出版社，2001.

[7] 钟启泉，赵中建. 课程统整 [M]. 上海：华东师范大学出版社，2003.

[8] 林崇德. 21世纪学生发展核心素养研究 [M]. 北京：北京师范大学出版社，2016.

[9] 赵健. 学习共同体的建构 [M]. 上海：上海教育出版社，2008.

[10] 蔡清田. 课程发展与设计的关键DNA：核心素养 [M]. 台北：五南图书出版公司，2012.

[11] 崔允漷. 校本课程开发：理论与实践 [M]. 北京：教育科学出版社，2000.

[12] 乔治·J. 波斯纳. 学程设计——教师课程开发指南 [M]. 赵中建，译. 上海：华东师范大学出版，2013.

[13] 叶澜. 教师角色与教师专业发展新探 [M]. 北京：教育科学出版社，2001.

[14] 袁鼎生. 教育审美学 [M]. 南宁：广西师范大学出版社，2001.

[15] [苏] 赞科夫. 和教师的讲话 [M]. 杜殿坤，译. 北京：教育科学出版社，1980.

[16] [苏] 赞科夫. 教育的艺术 [M]. 肖勇，译. 长沙：湖南教育出版社，1983.

［17］曾繁仁.现代美育理论[M].郑州：河南人民出版社，2006.

［18］张正江.新中国美育发展研究[M].北京：人民出版社，2014.

［19］赵伶俐.百年中国美育[M].北京：高等教育出版社，2004.

［20］赵伶俐.人生价值的弘扬——当代美育新论[M].北京：北京师范大学出版社，2016.

［21］赵伶俐，汪宏.中国公民审美心理实证研究[M].北京：北京大学出版社，2010.

［22］赵伶俐，温忠义.互联网＋大美育课程论[M].北京：北京师范大学出版社，2016.

［23］赵伶俐，杨旬，齐颖华.审美化教学原理与实践[M].长春：吉林人民出版社，2000.

［24］中华人民共和国教育部.中小学教师专业标准[M].北京：人民教育出版社，2002.

［25］中华人民共和国教育部.普通高中语文课程标准（实验）[M].北京：人民教育出版社，2003.

［26］中华人民共和国教育部."国培计划"课程标准（试行）[M].北京：高等教育出版社，2012.

［27］中华人民共和国教育部，普通高中语文课程标准（2017年版）[M].北京：人民教育出版社，2018.

［28］陈兰，曹伦华."核心素养"视角下多元文化学校课程如何构建[J].中小学管理，2015（9）．

［29］褚宏启，张咏梅，田一.我国学生的核心素养及其培育机制[J].中小学管理，2015（9）．

［30］窦桂梅.聚焦完整人的核心素养——清华附小"1+x课程"亮点[J].北京教育（普教版），2014（12）．